DOMICIANO FERNÁNDEZ
Gott verzeiht ohne Bedingungen

Domiciano Fernández

Gott verzeiht ohne Bedingungen
Wie heute beichten?

Verlag Hermagoras / Mohorjeva
Klagenfurt

Titel der spanischen Originalausgabe:
„Dios ama y perdona sin condiciones"
© Desclée Brouwer, Bilbao
Übersetzung aus dem Spanischen von
Christine Gawlas

Domiciano Fernández, Gott verzeiht ohne Bedingungen.
Wie heute beichten?
© 1990 Verlag Hermagoras/Mohorjeva,
Viktringer Ring 26, A-9020 Klagenfurt.
Umschlaggestaltung: Josef Blažej
(mit einem Motiv von Barbara Möseneder-Köchl).
Gesamtherstellung: Hermagoras/Mohorjeva
Printed in Austria
ISBN 3-85013-200-5

Vorwort

Dieses Büchlein, das du in deinen Händen hältst, beschreibt einen Fall, nur einen Fall, wenn es auch viele mehr gibt, in denen es mir unbedingt nötig erscheint, zur Einfachheit des Evangeliums und zum Beispiel Jesu Christi zurückzukehren, zum Wohl der Menschen und des echt christlichen Lebens. Denn es gibt viele, die „die Wahrheit niederhalten" wollen (Röm 1, 18). Aber die Wahrheit läßt sich nicht in Ketten legen, die Wahrheit bricht alle menschlichen Barrieren, zerbricht unsere Scheinbauten und -strukturen und dringt in die Herzen der Menschen, reinigt sie und bringt Früchte des Lebens. „Ihr werdet die Wahrheit erkennen und die Wahrheit wird euch frei machen" (Joh 8, 32). „Dein Wort ist Wahrheit" (Joh 17, 17).

Oft habe ich an diese Worte von Johannes oder Paulus gedacht, geoffenbarte Worte, wenn ich die Geschichte des Sakraments der Buße vortrage oder erkläre. Allzu häufig haben Kirchenmänner versucht, das Wort Gottes, die Gnade Gottes, die Vergebung Gottes gefangen zu nehmen durch eine ganze Reihe Normen, Riten und von Menschen auferlegte Bedingungen. Die Strukturen, die Vermittlung, die menschlichen Wege sind notwendig, wir dürfen aber nicht zulassen, daß sie „den Geist Gottes auslöschen" (1 Thess 5, 19). Diese Versuchung und diese Gefahr beziehen sich nicht nur auf die Vergangenheit. Sie existieren heute und gelten zu jeder Zeit: die der Synagoge, der Schriftgelehrten und Pharisäer und der Menschen in der Kirche von heute. Deshalb ist es mir notwendig erschienen, die reine Lehre des Evangeliums in Erinnerung zu rufen und an das

Verhalten Jesu den Sündern gegenüber als Leitstern und Norm unseres pastoralen Handelns zu erinnern.

Immer hat mich das Kapitel 7 bei Markus beeindruckt, die härteste und bitterste Kritik des Neuen Testaments an den Sitten und Bräuchen der Pharisäer, die sie als Erfüllung des Gesetzes hinstellten:

> *„Dieses Volk ehrt mich mit den Lippen,*
> *aber sein Herz ist fern von mir.*
> *Es ist sinnlos, wie sie mich verehren;*
> *was sie lehren, sind Satzungen von Menschen"*
> (Jes 29, 13).

Während ihr das Gebot Gottes beiseite laßt, klammert ihr euch an die Tradition der Menschen. Er sagte ihnen auch: „Ihr gebt Gottes Gebot preis, um eure Tradition zu wahren. Denn Moses hat gesagt: *Ehrt euren Vater und eure Mutter, und wer seinem Vater und seiner Mutter flucht, soll sterben.* Aber ihr erlaubt, daß einer zu seinem Vater oder seiner Mutter sagt: Ich erkläre zum Korban (zur Opfergabe) alles, womit ich dir helfen könnte; damit hindert ihr ihn daran, noch etwas für seinen Vater oder seine Mutter zu tun. So setzt ihr durch eure eigene Überlieferung Gottes Wort außer Kraft. Und ähnlich handelt ihr in vielen Fällen" (Mk 7, 6—13).

„Ihr brecht das Gebot Gottes, um eure Traditionen zu wahren". „Ihr gebt Gottes Gebot preis, um euren Bräuchen anzuhängen", die ihr einander seit Jahrhunderten als Ausdruck des göttlichen Willens überliefert habt. In Wirklichkeit brachen sie mit dem vorrangigen Ziel des Gesetzes, das die wahre Gottesverehrung und die Liebe zum Nächsten war. Deshalb mußten diese Worte Jesu jene fanatischen Pharisäer erschrecken, die sich eifrig um die Erfüllung des Gesetzes bemühten, die dachten, daß sie auf diese Weise ihrer Religion vollkommen Genüge taten. Aber sind diese

Worte nur Erinnerung an die Vergangenheit? Betreffen sie nicht auch uns, die Kriterien, Bräuche und Praktiken der Kirche von heute? Denken wir an die Geschichte der Spaltung zwischen Ostkirche und Römischer Kirche, oder an die der Reformation. Mischten sich nicht häufig unbedeutende Fragen des Ritus mit hinein, denen man übermäßige Bedeutung verlieh? Oft habe ich gesagt und gehört, daß nicht wenige Theologen einem Text des Konzils von Trient mehr Bedeutung zumessen als dem Evangelium selbst oder einer nicht anzuzweifelnden Lehre Jesu. Und ich habe unzählige Male festgestellt, daß diese Theologen sich sicherer im Besitz der Wahrheit fühlen, wenn sie einen Konzilstext zitieren — häufig ganz ohne Zusammenhang — oder eines Papstes, als wenn sie die Lehren des Neuen Testaments nachlesen oder bedenken. Sie erscheinen denjenigen, die in ihrer theologischen Reflexion von den Lehren der Heiligen Schrift ausgehen — die durch den Glauben der Kirche im Laufe der Jahrhunderte und nicht nur in einer Epoche gelebt und überliefert wurden —, verdächtig. Es wäre sehr angebracht, daß man von einer solchen Haltung abgeht und wieder zur göttlichen Offenbarung und zur Geschichte ihrer Überlieferung im Laufe des Lebens der Kirche zurückkehrt.

Auf diese kleinen Probleme, die heute viele besorgt machen, gab Jesus mit einem wunderbaren Satz eine klare und überzeugende Antwort: „Der Sabbat ist für den Menschen geschaffen, und nicht der Mensch für den Sabbat" (Mk 2, 27). Das ist wunderbar. Die anderen Evangelisten haben sich nicht getraut, diesen Satz in seinem Grundton wiederzugeben. Er schien ihnen übertrieben. Wie E. Käsemann schreibt: „Die Gemeinde erschrak vor der Größe der Gnade", deshalb schwächen Matthäus und Lukas ihn ab und sagen: „Der Menschensohn ist Herr über den Sabbat" (Mt 12, 8; Lk 6, 5). Aber wieviele Probleme hätte man sich in der Kirche erspart, wieviel Unterdrückung hätte man vermieden, hätte man diesen wunderbaren Satz Jesu bei allen Gesetzen, allen unseren Einstellungen und Verhaltensweisen in Betracht gezogen!

Oft habe ich im Unterricht, in Vorträgen und Bildungsveranstaltungen den Inhalt dieses Büchleins ausführlicher behandelt. Mehr als ein Mal haben mich Schüler und Hörer gefragt: Warum schreiben Sie das alles nicht auf, was Sie da sagen, damit alle es erfahren?

Meine Antwort war fast immer: Das alles steht in Geschichtsbüchern, in Doktorarbeiten, Schriften über das Bußsakrament und im besonderen über das vollständige Sündenbekenntnis, über Interpretationen des Konzils von Trient, und ich selbst habe es in meinen bescheidenen Publikationen seit mehr als zwanzig Jahren gesagt und geschrieben. Deshalb ist es vielleicht notwendig, ein kurzes, einfaches Büchlein zu schreiben, das ein großes Publikum erreicht, und das auch die mit pastoralen Aufgaben sehr beschäftigten Priester und Bischöfe lesen können, damit eine neue Denkweise einkehrt. Eine Kommission aus berühmten Männern und Fachleuten in der Geschichte des Bußsakraments hat genaue Studien über diese Fragen durchgeführt und eine gemeinschaftliche Bußfeier mit allgemeinem Bekenntnis und allgemeiner Absolution angenommen. Aber alles ging kaputt, als 1972 die Hl. Kongregation für die Glaubenslehre ein Dokument über das Bußsakrament veröffentlichte, in dem sie Mißbräuche ablehnte. Am Schluß habe ich mich entschlossen, einen Artikel zu schreiben, der einige prinzipielle Fehler aufdeckt, die man seit 1972 immer wiederholt.[1] Dazu hat mich das neue Dokument der spanischen Bischofskonferenz „Laßt euch mit Gott versöhnen" (Madrid 1989) bewogen, in dem dieselben Prinzipien wiederholt werden, dieselben Normen, dieselben Vorschriften, ohne daß man eine Erkenntnis der

---

[1] Das erste Kapitel wurde in „Revista Agustiniana" 1989, Sept./Dez., S. 403–436 herausgegeben.

möglichen Ungenauigkeit oder Unzulässigkeit einiger Prinzipien bemerkt.

Dieser Artikel bedurfte einer Ergänzung, und ich habe noch einen geschrieben über die angebliche Verpflichtung, die Sünden, die bei einer Bußfeier mit gemeinsamem und ohne Einzelbekenntnis vergeben wurden, einzeln zu beichten; und einen anderen über die Bedeutung der Eucharistie als Sakrament der Sündenvergebung, eine Tatsache, die von großer Bedeutung ist, die aber heute in der Kirche wenig beachtet wird. Und da es das Einzelbekenntnis seit der Antike gegeben hat, als geistliche Führung und vor allem für die Mönche, auch wenn sie keine Priester waren, oder als Sakrament (seit dem VII. Jahrhundert), und da es ein hochwirksames Mittel zur Gewissensbildung und für das Wachstum des geistlichen Lebens ist, hielt ich es für notwendig, noch das letzte Kapitel über die verschiedenen Formen der Bußfeier zu schreiben, um die Vorzüge dieser Form der Feier hervorzuheben, soweit sie der Beichtende wünscht und sucht.

Ich hoffe, daß die Tatsachen, die hier vorgelegt werden und die Überlegungen, die sie begleiten, vielen helfen können, von neuem die Freude der Versöhnung mit Gott und der Kirche zu erleben. Wenn wir es nicht so empfinden und sehen, dann verstehen wir es nicht richtig. Man muß auf alle Fälle vermeiden, daß das, was Jesus als die gute Nachricht von der Versöhnung verkündet hat, zu einer Sorge wird, einem Stein, der uns erdrückt. Nur wenn man sie als Befreiung erlebt, als Gnade und Vergebung, erfüllt sie den Sinn des Evangeliums.

Domiciano Fernández CMF

I

Die Generalabsolution

> Die Möglichkeit einer sakramentalen Generalabsolution ohne Einzelbekenntnis von der Dogmatik her. — Ihre Zweckmäßigkeit aus der Sicht der Pastoral.

1. Motivation

Man spricht in unseren Tagen viel über die Gemeinschaftsbußfeiern und betont den Ausnahmecharakter der Form C: *Versöhnung mehrerer Pönitenten mit allgemeinem Bekenntnis und allgemeiner Lossprechung*. Hier würden wir uns weniger Strenge und Normen und eine offenere und verständnisvollere Haltung gegenüber den gut vorbereiteten und gut durchgeführten Bußfeiern wünschen, die hier und da auf Grund pastoraler Notwendigkeiten auftauchen. Im allgemeinen haben die Veränderungen immer an der Basis begonnen, und später mußte die Hierarchie sie akzeptieren. Das ist im Laufe der Geschichte des Bußsakraments geschehen: als die Normen und kanonischen Regeln schon hinfällig und undurchführbar geworden waren, mußte man an der Basis neue Wege öffnen, um die sakramentale Gnade nicht zu entbehren. Wir möchten den Fall vom III. Konzil von Toledo 589, dessen XIV. Hundertjahrfeier begangen wird, anführen.

Sechs Jahrhunderte lang war man der Ansicht, daß das

Sakrament der Buße nicht wiederholbar sei, daß man es nur ein Mal empfangen könne. Man betrachtete es als „zweite Taufe" oder „schmerzhafte Taufe", und da die erste Taufe nicht wiederholbar war, schrieb man denselben Umstand der Buße zu.

Da überdies die Strafen und Bußen, die man denen auferlegte, die sich der kirchlichen Buße unterzogen, sehr hart waren und schwerwiegende Folgen für das gesellschaftliche und Familienleben hatten (Enthaltsamkeit in der Ehe bzw. Verbot, eine Ehe zu schließen, Verbot, ein Geschäft zu betreiben und andere bürgerliche Berufe auszuüben), war das Sakrament der Buße zum Sakrament der Alten und Sterbenden geworden. Einige Bischofssynoden verboten ausdrücklich den Empfang der Buße für junge Leute und Verheiratete.[1] Der große Wandel, der mit dem Prinzip der *Undwiederholbarkeit* des Bußsakraments brach, ging auf die irischen Mönche zurück, die Anfang des VII. Jahrhunderts auf den Kontinent kamen und neue Gepflogenheiten in der Bußpraxis einführten. Aber das erste Zeugnis, das wir darüber besitzen, daß man schon begonnen hatte, das Sakrament der Buße mehr als ein Mal im Leben zu empfangen, kommt aus Spanien. Auf diesem Konzil, das Rekkared einberufen hatte, an dem viele Bischöfe aus Spanien und der Gallia Narbonensis teilnahmen, wird darauf aufmerksam gemacht, daß manche den Bischof jedes Mal um die Absolution bitten, wenn sie gesündigt haben. Und das scheint ihnen ein unzulässiger Mißbrauch zu sein (execrabilis praesumptio). Es lohnt sich, die Worte dieser Kirchenversammlung in Erinnerung zu rufen:

> „Da uns zur Kenntnis gelangt ist, daß die Menschen in einigen Kirchen Spaniens für ihre Sünden nicht nach dem Kanon Buße tun, sondern auf ganz unrechte (foedissime)

---

1 S. Konzil von Adge (506) Kan. 15; CCL 148, 201; Konzil von Orleans (538); CCL 148 A, 124.

Weise, so daß sie jedesmal, wenn sie sündigen, den Priester um die Sündenvergebung bitten, beschließt dieses heilige Konzil, um diesem tadelnswerten Brauch (execrabilis praesumptio) ein Ende zu machen, daß das Bußsakrament nach dem alten Brauch und den herkömmlichen Regeln gespendet werden soll, das heißt, daß der, der seine Sünden bereut, zuerst von der Kommunion ausgeschlossen wird und sich gemeinsam mit den anderen Büßern der Handauflegung unterzieht; wenn dann die Bußzeit vorbei ist, soll er zur Kommunion wieder zugelassen werden unter den Bedingungen, die ihm der Priester auferlegt. Und jene, die während der Bußzeit oder nachher in ihre alten Sünden zurückfallen, sollen nach den Normen des alten strengen Gesetzes exkommuniziert sein..."[2]

Obwohl die Hierarchie dagegen war, brach sich die neue Form schnell Bahn. Ein halbes Jahrhundert später erlaubt eine Synode in Frankreich schon die „Buße" für die Gläubigen immer dann, wenn sie gesündigt haben ... und empfiehlt sie sogar.[3] Heute leben wir in einer ähnlichen Situation. Nach dem Konzil entstanden neue Formen, das Sakrament der Buße zu feiern, die von Priestern und Gläubigen gefördert wurden. Die Hierarchie war es, die mehr gezögert hat, einige dieser an der Basis entstandenen Feiern zu akzeptieren.

In einer *Pastoralen Instruktion* der spanischen Bischöfe wird weitgehend die Notwendigkeit der Einzelbeichte betont. Die Bischöfe bemühen sich, eine vernünftige Erklärung für eine vom Normalen abweichende Norm zu finden: *Die Verpflichtung, die schweren Sünden nach dem Empfang der allgemeinen Absolution ohne Einzelbekenntnis später zu beichten.* Ich glaube, daß die Frage schlecht gestellt ist, und deshalb ist es schwierig, sie gut zu lösen. Das ganze Problem entsteht aus dem, was ich als falsche Vorrausset-

---

2 Kan. 11, Mansi VI. 708.
3 Synode von Chalon-sur-Saône um 650, Kan. 8; CCL 148 A, 304.

zung ansehe, die ihren Ursprung im Konzil von Trient hat und in späteren Dokumenten wiederholt wird. Dieses Prinzip ist nach der Formulierung des neuen Kodex folgendes:

> „Das persönliche und vollständige Bekenntnis und die Absolution bilden den einzigen ordentlichen Weg, auf dem ein Gläubiger, der sich einer schweren Sünde bewußt ist, mit Gott und der Kirche versöhnt wird" (K. 960).

Dieses Prinzip halte ich, im Licht der Geschichte und der Theologie betrachtet, für irrig — und damit werden wir uns im folgenden beschäftigen — aber es ist Grund unzähliger Diskussionen während der Vorbereitung des neuen Ritus für das Bußsakrament gewesen und hat die harte Reaktion von Kardinal Šeper im Jahre 1972 ausgelöst, als er vor der Veröffentlichung des neuen *Ordo paenitentiae*, der gerade in Vorbereitung war, das Dokument der Kongregation für die Glaubenslehre „Sacramentum paenitentiae" herausbrachte, das eine tiefergehende Erneuerung verhinderte.[4] Der Fall ist wohl bekannt, aber wir wollen kurz darüber berichten.

Sehr bald nach dem Konzil, am 2. Dezember 1966, wurde eine Kommission für die Erneuerung des Bußsakraments ins Leben gerufen.[5] Diese Kommission arbeitete erfolgreich und kompetent, so daß man 1968 schon die baldige Veröffentlichung der neuen Ordnung erwartete. Verschiede-

---

4 Normae pastorales circa absolutionem sacramentalem generali modo impertiendam; die ersten Worte lauten: „Sacramentum paenitentiae", AAS (1972), 510—514.

5 Zur ersten Kommission gehörten J. Lécuyer (Vorsitzender), F. Heggen (Sekretär); später folgte ihm in diesem Amt F. Nikolasch, Z. Alszeghy, P. Anciaux, C. Floristán, A. Kirchgässner, L. Ligier, K. Rahner, C. Vogel. Alle sehr bekannte Autoren, die auch wichtige Bücher über die Buße geschrieben haben, wie z. B. C. Vogel, P. Anciaux, K. Rahner, J. Ligier usw.

ne Ereignisse in der Kirche verhinderten sie. Man nahm eine Umstrukturierung der Römischen Kongregationen vor. Das Consilium für die Anwendung der Konstitution über die Liturgie und die Ritenkongregation verschwinden, um zu einer Einheit zu verschmelzen: die Kongregation für den Gottesdienst. Auch die Kommission für das Bußsakrament wurde geändert.[6]

Andererseits hatten die Geistlichen, die mit der Seelsorge vertraut sind, ohne die neuen Normen abzuwarten, begonnen, gemeinschaftliche Bußfeiern abzuhalten, bei denen die allgemeine Lossprechung ohne vorangehende Einzelbeichte erteilt wurde, wobei man ein allgemeines Bekenntnis ablegte oder ein anderes Zeichen der Reue forderte. Darüber erschrak der Präfekt der Glaubenskongregation, und um dem zu begegnen, was er für einen unhaltbaren Mißbrauch hielt, veröffentlichte er das erwähnte Dokument, wobei er einen engen Rahmen setzte, was die Lehre angeht, und Normen für diese Bußfeiern vorschlug. Diese Normen sind fast vollständig in die neue Bußordnung aufgenommen worden. Aber, wie ich schon bemerkt habe, verhinderten sie und verhindern noch immer, daß die Form C (Buße mehrerer Pönitenten mit gemeinsamem Bekenntnis und gemeinsamer Absolution) zu einer *regulären Form* wird, wie es die erste Kommission vorhatte. Diese Tatsache hatte und hat schwerwiegende Konsequenzen für viele Gläubige, die auf diese Weise die sakramentale Lossprechung empfangen konnten und sie de facto weder auf die eine noch die andere Weise erhalten. Deshalb glaube ich, daß es der Mühe wert ist, sich dieser Frage nüchtern und ohne Vorurteile zu stellen.

---

6 Zur zweiten Kommission gehörten P. Jonuel (Vorsitzender), F. Sottocornola (Sekretär) J. A. Gracia, P. Visentia, H. Meyer, K. Donovan, D. Pasqualetti.

2. Eine Erfahrungstatsache

Alle Welt weiß, daß mehr Leute kommen, um das Sakrament zu empfangen, wenn man eine Bußfeier mit sakramentaler Lossprechung ohne vorangehende individuelle Beichte ankündigt. Man hat beobachtet, daß in den Pfarren oder Diözesen, wo regelmäßig solche Feiern abgehalten wurden oder weiterhin werden — wo der Bischof sie gutheißt —, Gläubige aus anderen Pfarren und anderen Ortschaften kommen, um daran teilzunehmen. Das muß man als gutes Zeichen und nicht als Mißbrauch deuten. Das kann ein Zeichen sein, damit die Hierarchie im Licht des Evangeliums darüber nachdenkt, ob diese Tatsachen nicht an ein Wirken des Geistes denken lassen. In der Geschichte der Buße ist das häufig der Fall gewesen. Es geht nicht darum, die Vergebung der Sünden leicht oder schwer zu machen, sondern sich mit Gott und der Kirche zu versöhnen, eine ehrliche Umkehr zu fördern, die Gläubigen die Freude der Vergebung erleben zu lassen und ihnen zu einem echteren engagierteren Christentum zu verhelfen. Wenn man das mit den Gemeinschaftsfeiern besser erreicht als mit der Einzelbeichte, sehe ich keinen Grund, sie zu verbieten. Ich glaube, daß die dogmatischen Schwierigkeiten zu überwinden sind, wie die Spezialisten auf diesem Gebiet gezeigt haben. Darum sollte man diese Form der Versöhnung nicht einfach ausschließen. Der Ausdruck „ein leichterer Weg" oder „ein schwerer Weg" kommt einer Deutung der Einzelbeichte als Strafe nahe, es ist offensichtlich, daß diese Vorstellung nicht gerade eine hohe Meinung vom Sakrament der Buße beinhaltet.[7]

Ich bin vollkommen davon überzeugt, daß die Krise des Bußsakraments tiefere Ursachen hat und nicht durch Erlas-

---

7 J. Imbach, Vergib uns unsere Schuld, Matth.-Grünewald-Verlag Mainz 1978, S. 123—126.

sen der Einzelbeichte und Fördern der Gemeinschaftsfeiern gelöst wird. Man muß das zutiefst Christliche und die Bekehrung erleben, um sie würdig zu feiern. Aber wenn wir ehrlich sind, müssen wir zugeben, daß das, was heute viele davon abhält, das Sakrament der Buße zu empfangen, die Verpflichtung ist, alle schweren Sünden dem Priester zu beichten. Und das ist traurig. Für viele wird das Bekenntnis notwendig sein, und sie werden darin den Frieden und die Freude der Vergebung finden. Für andere ist es eine Qual. Allen diese Verpflichtung aufzuerlegen, wenn Gott es nicht fordert, erscheint mir schwerwiegend.

3. Die Lehre des Konzils von Trient

Die größte Schwierigkeit, die einige Theologen heute, und vor allem die Römischen Kongregationen, sehen, die Form C (allgemeines Bekenntnis und allgemeine Lossprechung) als *reguläre Form* der Versöhnung anzusehen, ist die, die aus den Lehren des Konzils von Trient kommt. Die Texte von Trient sind ziemlich deutlich, aber man muß sie im historischen und gegen die Lehre der Reformatoren polemischen Zusammenhang sehen und man muß den Inhalt einiger Ausdrücke beachten, die häufig vorkommen, wie „iure divino" (göttlichen Rechts), Häresie, „anathema sit" etc.[8] Das Seltsame ist, daß sowohl Luther als auch

---

8 Es gibt viele Artikel über den Sinn dieser Ausdrücke beim Konzil von Trient, wie z. B.: P. Fransen: Réflexions sur l'anathème au concile de Trento, ETL 29 (1953) 657—672; A. Marranzini: Valore del' „anathema sit" nei canoni tridentini, Ras. Teol. 9 (1968) 27—33; H. Vorgrimler: Das Bußsakrament iuris divini?, Diakonia 4/5 (1969); K. Rahner: „Über den Begriff des ,Jus divinum' im katholischen Verständnis", Schriften zur Theologie V, 249—277, K. J. Becker: Die Notwendigkeit des vollständigen Bekenntnisses in der Beichte nach dem Konzil von Trient, Theol. und Philos. 47 (1972); A. Amato: I pronunciamenti tridentini sulla necessitá della confessione sacramentaria nei canoni-

Calvin das persönliche Sündenbekenntnis nicht ablehnen, sondern die Verpflichtung dazu, und daß es sich um ein von Christus eingesetztes Sakrament handelt. Luther beichtete oft und behauptet, daß er sich das um nichts in der Welt nehmen lassen wollte. Mir scheint es nützlich, wenn wir uns hier an seine Worte erinnern:

> „Will ich mir die heimliche Beicht niemand lassen nehmen, und wollte sie nicht umb der ganzen Welt Schatz geben; denn ich weiß, was Stärk und Trost sie mir gegeben hat. Es weiß niemand, was die heimliche Beicht vermag, denn der mit dem Teufel oft fechten und kämpfen muß. Ich wäre längst von dem Teufel überwunden und erwürgt worden, wenn mich diese Beicht nicht erhalten hätte. Denn es sind viel zweifelhaftig und irrige Sachen, darein sich der Mensch allein nicht wohl schicken kann, noch sie begreifen ... Darum habe ich gesagt und sags noch, daß ich mir diese heimliche Beicht nicht will nehmen lassen.[9]

Dieses Lob auf das freiwillige Bekenntnis des einzelnen hindert ihn nicht daran, das Bekenntnis als vom Papst aufgegebene Norm und mit der Verpflichtung, alle Sünden zu beichten, energisch abzulehnen, denn das wäre eine Qual und eine Folter für die Seele statt Erleichterung und Trost.[10]

Da es sich um einen wichtigen Text handelt, der die 1972 veröffentlichten *Normen für die Pastoral* und nachfolgende Dokumente bis zum kirchlichen Gesetzbuch entscheidend beeinflußt hat, wollen wir den Kanon 7 des Konzils von Trient ganz zitieren:

6—9 della sessione XIV (25 novembre 1551), Las-Roma, 1974; M. Nicolau: „Jus divinum" acerca de la confesión en el Concilio de Trento, RET. 32 (1972) 419.439; J. Peter: Dimensions of Jus divinum in roman catholic Theology, Theol. Stud. 34 (1973) 227—250.

9 Weimar, 10, 3, 61—64.

10 Weimar, 2, 645, 16; Weimar 8a, 58, 5.

„Wer sagt, zur Vergebung der Sünden sei es nicht nach göttlichem Recht notwendig, im Bußsakrament alle Todsünden einzeln zu bekennen, deren man sich nach schuldiger und sorgfältiger Erwägung erinnert, auch die verborgenen und die gegen die letzten zwei der zehn Gebote, ebenso die Umstände, die die Art der Sünde ändern; sondern ein solches Bekenntnis sei bloß nützlich zur Bildung und Beruhigung des Büßenden und es sei früher nur zum Zweck der Auferlegung der kirchlichen Buße in Gebrauch gewesen; oder wer sagt, wenn sich jemand bemühe, alle Sünden zu bekennen, dann wolle er nichts mehr der göttlichen Barmherzigkeit zum Verzeihen überlassen; oder endlich, es sei nicht erlaubt, die läßlichen Sünden zu beichten, der sei ausgeschlossen" (DS 1707).

Natürlich ist das nicht der einzige Text des Konzils von Trient, der von der Verpflichtung zum Sündenbekenntnis spricht.[11] Es gibt auch andere Dokumente des kirchlichen Lehramtes, die ein vollständiges Bekenntnis der Sünden vor dem Priester fordern,[12] aber wir können uns damit hier nicht beschäftigen. Es stimmt, daß die römische Kirche seit dem Mittelalter mehr oder minder eindringlich das Bekenntnis aller Sünden gefordert hat.[13]

---

11 Siehe K. 8 u. 9. (DS 1708 u. 1709); Kap. 5 (DS 1679—1680) usw.

12 Vor dem Trienter Konzil verlangt Papst Martin V. die Vollständigkeit beim Bekenntnis der Sünden von den Anhängern Hus' und Wyclifs (DS 1260); im Konzil von Florenz wird die Lehre vom Dekret „Pro Armenis" aufgenommen, 1439 (DS 1325).

13 Siehe das Werk von J. Escudé: La doctrina de la confesión íntegra desde el concilio de Letrán hasta el concilio de Trento, Barcelona 1967; J. E. Lozano Zafra: La integridad de la confesión, Precepto positivo divino o norma eclesiástica? Roma 1977; J. A. Do Couto: De integritate confessionis apud patres concilii tridentini, Romae 1963; D. Fernández: El Sacramento de la reconciliación, Edicep, Valencia, S. 259—275; XXX Semana Española de Teología: El Sacramento de la penitencia, C. S. I. C., Madrid 1972 con diversos estudios sobre la confesión de los pecados en el concilio de Trento.

Was die Texte des Trienter Konzils angeht, ist so viel über sie geschrieben worden, daß es müßig erscheint, zu ihrer Interpretation zurückzukehren. Außerdem besteht die Schwierigkeit nicht im Inhalt des Textes, sondern darin, festzustellen, welche Verbindlichkeit und welchen Wert sie für uns haben; es handelt sich ja um eine Norm, die von den heutigen Umständen sehr abweicht. Wir wollen uns diesem Punkt ausführlicher zuwenden.

a) Verpflichtung zur Beichte

Wenn wir aufmerksam das ganze Kapitel V über die Beichte durchlesen (DS 1679—1683) und die entsprechenden Kanones (CC. 6—8; DS 1706—1707), kann man sich des Eindrucks nicht erwehren, daß die Konzilsväter von Trient glaubten, das Bekenntnis aller Sünden vor dem Priester sei ein göttliches Gebot und daher Pflicht, außer irgendwelche schwerwiegende physische oder moralische Gründe entbinden davon.

Man muß auch zugeben, daß dieses vollständige Bekenntnis aller Sünden „humano modo" verstanden, das heißt im Rahmen der Grenzen und der Unvollkommenheit der menschlichen Natur. Gott verlangt nicht das Unmögliche. In vielen Sätzen wird versucht, diese verpflichtende Erklärung, daß alle Sünden gebeichtet werden müssen, abzumildern. Man hat nicht die Absicht, das Gewissen der Gläubigen zu quälen, sondern ihnen eine Pflicht einzuschärfen, die man für heilig hielt. Es ist offensichtlich, daß es sich um *formelle* und nicht *materielle* Vollständigkeit handelt.

Die Konzilsväter sprechen auch von der *geheimen* Beichte. Es gab auch Konzilsväter, die festlegen lassen wollten, daß die geheime Beichte vor dem Priester auch *göttlichen Rechts sei.* Zum Glück wurde dieser Anspruch abgewiesen. Für die Konzilsväter von Trient war das Sündenbekenntnis notwendig, aber *auf welche Weise* es abgelegt wird —

öffentlich oder geheim — ist den Menschen überlassen. Christus hat das nicht bestimmt. Das öffentliche Bekenntnis wurde von Christus weder geboten noch verboten (DS 1683). Um sich gegen die Lehre der Reformatoren zu stellen, bestanden sie zu sehr auf der Verpflichtung zum Sündenbekenntnis.

Daß uns einige der Behauptungen von Trient ungenau oder falsch erscheinen, ist kein Grund sie zu leugnen. Man kann die Texte auslegen, man kann eine Erklärung auf Grund des geschichtlichen Moments geben, man kann die dogmatische Bedeutung dieser Ansprüche verneinen oder einfach sagen, sie sind heute nicht mehr verpflichtend. Es ist nicht ehrlich, zu leugnen, daß solches behauptet wurde, oder ihren Sinn durch spitzfindige und willkürliche Deutungen zu verdrehen. Doch kann ich meine Überraschung und mein Staunen darüber nicht verbergen, wenn ich diese und andere Texte im Licht *der Heiligen Schrift* und der *Bußpraxis der alten Kirche* lese. In mehreren Punkten stimmen sie weder mit der Schrift noch mit der Geschichte überein.

α) Die Schrift
Die Beweise aus der Schrift, um dieses „göttliche Gebot", alle Sünden zu beichten, zu untermauern, sind sehr schwach und wenig überzeugend. Dazu kommt, daß sie mit dem Verhalten Jesu nicht in Einklang stehen. Die biblischen Texte, die dazu angeführt werden, sind folgende: Mt 16, 19; 18, 18; Joh 20, 23; Lk 17, 14; Jak 5, 16; 1 Joh 1, 9.

Die Texte aus Mt 16, 19 (zu Petrus gesprochene Worte) und 18, 18 (an die Jünger gerichtet) beziehen sich auf die Vollmacht *zu binden und zu lösen.* Sie beziehen sich nicht konkret auf das Bußsakrament sondern auf eine umfangreichere Vollmacht zu verbieten oder zu erlauben, etwas für erlaubt oder verboten zu erklären, jemanden aus der Gemeinschaft auszuschließen oder wieder aufzunehmen. Aber es ist nicht auszuschließen, daß sie sich auch auf die Vergebung der Sünden beziehen. Die Konzilsväter von

Trient argumentierten, daß man zum Binden und Lösen Kenntnis der Sünden braucht, sie bezogen das ja auf das Bußsakrament.

Fast dasselbe kann man über die Stelle Joh 20, 23 sagen, die die Konzilsväter von Trient als den Text betrachten, mit dem die Einsetzung des Bußsakramentes belegt wird: „Wem ihr die Sünden vergebt, dem sind sie vergeben; wem ihr sie behaltet, dem sind sie behalten." Das ist sicher der ausdrucksstärkste Text des Evangeliums über die Macht zu vergeben, die den Aposteln erteilt wurde. Und wie in den Texten bei Matthäus, erfordert auch hier das *Vergeben* oder *Behalten* die Kenntnis dessen, dem man die Vergebung schenkt oder verwehrt. Wir dürfen das Gewicht dieses Arguments für die Forderung nach dem Bekenntnis der Sünden nicht geringschätzen. Das Schwerwiegende besteht darin, davon ein Gebot des Herrn, alle Sünden zu beichten, abzuleiten, auch die verborgenen, um die Vergebung zu erlangen. Die biblischen Texte reichen dafür nicht aus.

Der Text bei *Jakobus 5, 16* ist zweifelsohne von großem Interesse: „Bekennt einander also gegenseitig eure Sünden, und betet füreinander, damit ihr geheilt werdet". Der ganze Zusammenhang spricht zu uns von Krankheit, Salbung, Gebet für die Kranken, Sündenvergebung und Heilung. Im Mittelalter war das der klassische Text, mit dem man die Laienbeichte begründete, wenn kein Priester anwesend war. Heute zitiert man ihn im allgemeinen als wichtigsten Bibeltext über die Krankensalbung. Von dieser Aufforderung an alle Christen, „einander gegenseitig ihre Sünden zu bekennen", kann man schwerlich ein Gebot ableiten, dem Priester alle Sünden zu bekennen. Außerdem scheint es nicht so zu sein, daß diese Worte auf die spätere Einrichtung der Beichte zu beziehen sind.

Der erste Johannesbrief spricht davon, daß wir unsere Sünden vor Gott zugeben und bekennen, nicht vor dem Priester: „Wenn wir unsere Sünden bekennen, ist er treu und gerecht; er vergibt uns die Sünden und reinigt uns von allem Unrecht" (1 Joh 1, 9). Noch weniger hat mit dem Sakrament der Buße und Vergebung die Aufforderung Jesu an die Aussätzigen zu tun: „Geht hin und zeigt euch den Priestern" (Lk 17, 14). Es handelt sich nur um eine rechtliche Voraussetzung, um wieder in die Gesellschaft aufgenommen zu werden.

Es ist schwierig, auf einer solchen biblischen Basis von einem *göttlichen Gebot* alle schweren Sünden, auch die verborgenen und inneren, dem Beichtvater zu bekennen, um von Gott die Vergebung zu erlangen.

β) Gerichtscharakter des Bußsakraments

Um auf der detaillierten Selbstanklage zu bestehen, greift man oft auf den gerichtlichen Charakter des Sakraments zurück. Man spricht vom Bußgericht, man sagt, der Priester sei Richter und Arzt, und deshalb muß er den Schuldigen oder Kranken kennen. Der Konzilstext selbst stellt die Priester beim Amt der Sündenvergebung als „praesides et judices" dar (DS 1679). Wenn er von der Absolution spricht, betont er, daß diese sich nicht auf die Verkündung des Evangeliums beschränken kann oder darauf, dem Sünder zu erklären, daß Gott ihm die Sünden vergeben hat, sondern daß die Absolution wie ein richterlicher Akt (ad instar actus iudicialis) vollzogen wird, in dem der Priester wie ein Richter das Urteil spricht *(velut a iudice)* (DS 1685).

Es ist offensichtlich, daß das Konzil einen Vergleich anstellt und die Absolution nicht in allem einem zivilgerichtlichen Akt gleichsetzen will, noch hat der Priester die Funktion eines weltlichen Richters. Es ist angebracht, zu erinnern, daß der ursprüngliche Text von einem „wahrhaft richterlichen Akt" sprach und man das Adverb *vere* durch *„ad instar": auf Art und Weise,* ersetzte. Was das Konzil hervorheben will, ist die Wirksamkeit der Absolution, und daß es sich nicht nur um eine Erklärung handelt: Gott hat dir schon vergeben.

Wir wollen auch nicht leugnen, daß die Funktion des Priesters eine gewisse Ähnlichkeit mit der des Richters hat, der eine Gerichtssache prüft und vergibt oder verurteilt, oder der eine Gnade mit einer Verpflichtung verbindet. Aber es handelt sich um eine Analogie, etwas Vergleichbares aber nicht Identisches. Deshalb haben auch die Argumente, die vom *gerichtlichen Charakter* des Bußsakraments abgeleitet werden, um das genaue Sündenbekenntnis zu fordern, nicht die Kraft, die manche ihnen verleihen möchten. Das heißt, sich von der Realität entfernen und sogar vom Geist und Buchstaben des Konzils von Trient, denn damals gab es noch nicht die Gewaltentrennung von *Verwaltung* und *Gericht* im eigentlichen Sinn. Deshalb umfaßte die richterliche Gewalt sowohl einen Gnadenakt als auch die Verurteilung oder den Freispruch eines Angeklagten. Die Konzilsväter von Trient verstehen sie als „alieni beneficii dispensatio" (DS 1685). Deshalb würde sich ein Theologe heute, der von den Worten des Konzils von Trient ableiten wollte, daß man genaue Kenntnis der Sache in ihren Einzelheiten besitzen muß, um ein gerechtes Urteil zu fällen, auf die heutige Rechtsordnung und auf die heutige Ausdrucksweise stützen und sich vom Denken der Väter von Trient entfernen.

Die Absolution ist, wenn man die heutige Gewaltentrennung bedenkt, mehr einem Gnadenakt der Regierung ähnlich als einem gerichtlichen Prozeß im modernen Sinn.[14] Dieses Thema wurde schon ausführlich untersucht, so daß es nicht der Mühe wert ist, dabei zu verharren. Wir verweisen auf Autoren der letzten Zeit.

---

14 Vgl. F. Gil de Las Heras: Carácter judicial de la absolución sacramental según el concilio de Trento, Burgense 3 (1962) 151—153.

γ) *Das Bekenntnis ist ein Gebot „göttlichen Rechts"*

Es gibt noch einen Punkt, der eine genaue Betrachtung verdient. Sowohl das Konzil von Trient wie die übrigen Dokumente, die damit zusammenhängen, behaupten, daß das Bekenntnis aller schweren Sünden vor dem Priester göttliches Gebot — *iure divino* — ist (vgl. DS 1679; 1706; 1707). Heute zweifelt niemand daran, daß dieser Ausdruck in den Texten von Trient sehr weitläufige Bedeutungsmöglichkeiten hat. Einer der Theologen von Trient erklärte 1547 die Bedeutungsvarianten dieses Ausdrucks:

1) Was in der Hl. Schrift des Alten und Neuen Testaments steht;

2) Was indirekt in der Schrift enthalten ist und daher von ihr konsequenterweise abgeleitet werden kann;

3) Die Gebote der Kirche und der Konzilien; dieser letzten Kategorie kann man auch die Bezeichnung „menschlichen Rechts" verleihen.[15] Das heißt, man kann so eine Vorschrift verstehen, daß sie von Gott oder Christus kommt oder eine, die der Tradition entspricht oder von der Kirche kommt.

Was wir wissen wollen ist, in welchem Sinn der Ausdruck „göttlichen Rechts" in diesem Kapitel V über die Buße und in den entsprechenden Kanones angewendet wird. Die bequemste Antwort wäre zu sagen, er wird in einem weiten Sinn gebraucht, aber ich glaube, daß die Väter von Trient dachten, daß das volle Bekenntnis im ersten Sinn „iure divino", göttliches Gebot, sei, das heißt als Gebot des Herrn oder als ausdrücklich geoffenbart, denn man behauptet, daß es „vom Herrn eingesetzt" ist (DS 1679), und es werden die vorher angegebenen Schriftstellen zitiert: *Jak 5, 16; 1 Joh 1, 9; Lk 17, 14.* Aber das bedeutet nicht, daß die Väter

---

15 Fr. Antonio Delfino Cf. CT, edic. Görres, 6, 1. 70. Siehe die interessante Note von J. Collantes in La fe de la Iglesia católica, Madrid 1983, S. 724 not. 94.

von Trient recht haben oder daß es sich um eine unfehlbare Wahrheit handelt. Die biblischen Texte beweisen es nicht, und die Geschichte steht ihren Behauptungen entgegen. Im Kanon 6 z. B. heißt es, daß die Kirche immer von Anbeginn das geheime Bekenntnis vor einem einzelnen Priester praktiziert hat, was den Tatsachen nicht entspricht (vgl. DS 1706). Wenn wir zugeben wollten, daß alle Behauptungen der Konzilien unfehlbar und unveränderliche Wahrheiten sind, könnte man in der Theologie keinen Schritt tun. Es sollte uns nicht verwundern, wenn die Konzilsväter aus der historischen Sicht ihrer Zeit sprechen und die Schrift in der Mentalität ihrer Zeit lesen. Heute verpflichten uns sowohl die Studien der Geschichte als auch die Exegese dazu, verschiedene Korrekturen anzubringen.

δ) Zeichen wahrer Reue

Die Konzilstexte lassen mehrmals einen anderen Grund durchklingen, warum sie das demütige Bekenntnis der Sünden fordern. Die echte Bekehrung neigt dazu, sich in Bekenntnis und Reueakten zu zeigen, konkret zu werden. Wer das demütige Bekenntnis ablehnt, zeigt, daß er nicht wirklich reumütig ist. Das Bekenntnis der Sünden ist eine Forderung oder eine natürliche Konsequenz der echten Buße. Bis daher können wir zustimmen. Aber vergessen wir nicht, daß das Aufzählen der Sünden nicht die einzige Art ist, sie zu bekennen und auch nicht die einzige Geste, die nach außen hin die Bekehrung zeigt. Die alten Texte erwähnen das Bekenntnis kaum und sprechen viel öfter von Tränen, Fasten, Akten der Demut, von Sack und Asche. Das ist eine andere Art, die Sünden zu bekennen.[16]

---

16 Dem Werk von C. Vogel sind zahlreiche Texte zu entnehmen. Wir führen hier einige an: Didascalía, Kap. 2, Nr. 10—13 (Vogel S. 107); Tertullian, De paenitentia Kap. 9 (Vogel S. 144—145); Zyprian, De Lapsis, Kap. 16; (Vogel S. 125—126); Augustinus, Sermo 52 (Vogel S. 171); Kassian, Collatio XX (Vogel S. 181); Hl. Cesarius v. Arelate,

b) Allgemeine Bemerkungen zu den Texten des Trienter Konzils

1) Die Konzilsväter von Trient gingen von der Annahme aus, daß die Ohrenbeichte des einzelnen seit Bestehen der Kirche die normale Art war, das Sakrament der Buße zu spenden, was nicht der geschichtlichen Realität entspricht. Es war ihnen nicht ganz unbekannt, daß es in der Antike andere öffentliche Formen gab, die Buße zu feiern, aber das kümmerte sie nicht. Was sie vor Augen hatten, war die Leugnung der Notwendigkeit, die Sünden zu bekennen, die die Reformatoren vertraten; und die damals normale Form, das Sakrament zu empfangen: die Einzelbeichte mit priesterlicher Lossprechung.

2) Es ist eine Anomalie, für die gemeinschaftlichen Bußfeiern die Normen anzuwenden, die das Konzil von Trient für die private Ohrenbeichte erstellt hat. Es ist eine schlechte Methode, auf die Texte der Vergangenheit zurückzugreifen, die von einem anderen geschichtlichen Zusammenhang ausgehen, um Probleme unserer Zeit zu lösen. Probleme, die gerade durch die Absicht entstanden sind, ein Sakrament wieder zu beleben und in der Praxis zu erneuern, das man einer ganz und gar unzufriedenstellenden Einzelpraxis überlassen hatte.

3) Mir scheint offensichtlich, daß die Texte von Trient, wenn sie für unsere Tage noch von Bedeutung sind, nur auf die Ohrenbeichte des einzelnen angewandt werden können und nicht auf die gemeinschaftlichen Bußfeiern, die eine neue Form der Feier darstellen sollten. Wenn man das Bußsakrament im Laufe seiner Geschichte so grundlegen-

---

Sermo 64, 4 (Vogel S. 231). Selten wird auf die Schande des Sündenbekenntnisses Bezug genommen. Die Tatsache, daß man öffentlich Buße tat, war schon ein Zeichen, daß man ein Sünder war. So sagte der hl. Cesarius v. Arleate: „Wer sich nicht schämte, Sünden zu begehen, die mit der Buße zu sühnen sind, soll sich auch nicht schämen, Buße zu tun (Vogel S. 231).

den Änderungen unterzogen hat, warum kann man dann nicht heute eine Änderung zulassen, die einen ziemlich zweitrangigen Aspekt betrifft?

Auch wenn man zugibt, daß das Bekenntnis aller schweren Sünden in der Einzelbeichte *göttlichen Rechts* ist, sehe ich keine Schwierigkeit, daß die hierarchische Kirche andere Formen, nur mit allgemeinem Bekenntnis, erlaubt, denn es handelt sich um verschiedene Formen, das Sakrament zu feiern. Daß das möglich ist, beweist die Geschichte.

4) Die Verpflichtung, alle Sünden zu beichten, wurde niemals als eine *absolute* Pflicht angesehen, sondern nur bedingt verpflichtend. Das zeigen zahlreiche Umstände und Situationen, in denen man vom vollständigen Bekenntnis absehen kann: bei Sterbenden, Taubstummen, Unkenntnis der Sprache, einer Menge Gläubiger, die das Sakrament empfangen wollen und aus Mangel an Priestern ihre Sünden nicht bekennen können.[17]

5) Noch etwas ist zu bedenken. Viele Gläubige, die das Sakrament häufig empfangen oder zu Bußfeiern kommen, betrachten Handlungen als Todsünden, die in Wahrheit keine sind, denn sie zerbrechen nicht die Bindung der Liebe und Einheit mit Gott, noch stören sie die Grundentscheidung, Gott und dem Nächsten zu dienen. Da keine Verpflichtung besteht, läßliche Sünden zu beichten, könnte man die Generalabsolution in einer Gemeinschaftsfeier erteilen, ohne den Bestimmungen von Trient zuwider zu handeln. Das ist der Weg, den P. Z. Alszeghy in einem Artikel

---

17 Vgl. D. Fernández, El sacramento de la reconciliación (Das Sakrament der Versöhnung), S. 262 ff, wo wir die wichtigsten Ursachen der Dispens und die historischen Fälle darlegen, bei denen der Hl. Stuhl diese Dispens vom Sündenbekenntnis erteilt hat. Einige weitere Fälle werden in dem vielfach kopierten Dokument „Coetus XXIII bis, Schemata 279, De paenitentia 6" vom 16. 3. 68 des „Consilium ad exsequendam Constitutionem de Sacra Liturgia" S. 38 ff angeführt.

gewählt hat, den er lange vor der Veröffentlichung des neuen Bußritus geschrieben hat.[18]

Pater Alszeghy stellt sich die Frage ganz eindeutig: *Kann die Hierarchie die gemeinschaftliche sakramentale Absolution einführen und dabei vom privaten Sündenbekenntnis absehen?* Seine Antwort ist eindeutig: Die Notwendigkeit, alle Todsünden der Schlüsselgewalt zu unterstellen wurde im Konzil von Trient festgelegt. Nur die physische oder moralische Unmöglichkeit kann von der Einzelbeichte entbinden.[19] Die Härte dieser Antwort wird de facto im Laufe des Artikels durch eine Reihe von Fällen oder Umständen gemildert, die die Gemeinschaftsabsolution erlauben.[20]

Der größte Unterschied, den ich zwischen der Auffassung P. Alszeghys und meiner entdecke, besteht darin, daß er den Texten des Trienter Konzils zu viel Bedeutung beimißt und bemüht ist, ihre normgebende Bedeutung für die heutigen Umstände zu retten. Ich denke im Gegenteil, daß man sich mehr den echten Problemen zuwenden und versuchen sollte, sie im Licht des Evangeliums und der ganzen Tradition der Kirche zu lösen. Trient stellt nicht die gesamte kirchliche Tradition dar.

6) Damit zielen wir auf ein viel umfangreicheres und echtes Problem ab, das wir hier nicht ausführen können. Oft verlieren wir uns in Formeln ohne die Realität in Betracht zu ziehen, wir kleben am Buchstaben und vergessen dabei auf den Geist. Das nennt man „judaisieren". Was zur Vergebung der Sünden und zur Wiedererlangung der Gnade und

---

18 Z. Alszeghy: Problemi dogmatici della celebrazione penitenziale comunitaria, Greg. 48 (1967) 577—587. Mit diesem Artikel und seiner Auffassung haben wir uns schon in unserem Artikel „Renovación del sacramento de la penitencia. Nuevas Perspectivas", Pastoral Misionera Sept./Okt. 1967, Nr. 5, S. 54—71 beschäftigt.
19 Alszeghy, ebda. S. 580—581. Wir fassen den Gedanken des Autors zusammen.
20 Ebda. S. 584.

Freundschaft mit Gott von Interesse ist, ist die echte Bekehrung und die Mittlerschaft der Kirche. Die wahre Reue kann man auf vielerlei Weise zeigen und nicht nur durch das Sündenbekenntnis. Tränen sind eine lebendigere und aufrichtigere Sprache als Worte. Den Büßer kennenlernen kann man oft besser durch eine Geste oder wenige Worte als durch das detaillierte Aufzählen der Sünden. Ein Mensch, der, ohne daß man ihn dazu verpflichtet, zum Priester kommt, vor ihm niederkniet und sagt: *„Vergib mir, Pater, ich habe viel gesündigt"* und zu weinen beginnt, hat, glaube ich, genug getan, um ermutigt zu werden und die Absolution zu bekommen, ohne daß man ihm ein genaues Sündenbekenntnis abverlangt. Ich glaube, wir alle haben Erfahrung mit einigen solchen Fällen. Wir können nicht Sklaven des Gesetzesbuchstaben sein, sondern müssen den Menschen helfen, die Freude und die Vergebung zu finden und ihnen das Vertrauen mitgeben, daß Gott sie liebt und ihnen vergibt. Der beste Beweis ehrlicher Reue ist eine Änderung des Lebens. Deshalb erwartete man diese echte Umkehr in der Antike, bevor man die Absolution erteilte. Heute würde es niemanden wundern, den Papst oder einen Prediger sagen zu hören, daß die beste Buße eine Änderung des Lebenswandels ist. Ich glaube, das ist Allgemeingut. So verkündete es Luther in einer Predigt über die Buße, aber diese These wurde von Leo X. verurteilt: „Optima paenitentia, nova vita" (DS 1457). Man muß das gesamte Umfeld bedenken, aber es bleibt doch seltsam und schmerzlich, daß er diesen Satz verurteilt hat.

7) Ich denke, man sollte mehr über die historischen Ursprünge und über den wahren Sinn der echten Beichte im Bezug auf die Sündenvergebung nachdenken. Warum hat man in moderner Zeit so streng das Sündenbekenntnis verlangt, während man auf so bedauerliche Weise jede Wiedergutmachung vernachlässigt hat? Welche Stellung nimmt das Sündenbekenntnis im gesamten Bußsakrament ein und welche Formen der Anklage kann es annehmen? Welche Bezie-

hung besteht zwischen der Gesamtheit des Bekenntnisses und den übrigen Werten oder Forderungen einer echten Bekehrung des sündigen Christen?

Meinem Urteil nach sind die historischen Ursprünge genügend erhellt, aber es ist notwendig, sie nicht zu vergessen. Die Rückkehr zu den Ursprüngen, zu den Schriften des Evangeliums, und daß man Gott den Vorrang bei der Vergebung der Sünden gibt, kann einige Gesichtspunkte beleuchten, die ansonsten dunkel erscheinen.

4. Die Normen für die Pastoral und ihr Widerhall

Für die jüngsten Dokumente des Hl. Stuhls haben die Normen für die Pastoral, die die Glaubenskongregation 1972 unter der Präfektur von Kardinal F. Šeper und dem Sekretär Mons. P. Philippe herausgegeben hat, mehr Bedeutung als das Konzil von Trient. Diese Weisungen wurden fast vollinhaltlich ins Bußritual (Nr. 31—34) aufgenommen und in ihrem wesentlichen Teil vom neuen kirchlichen Gesetzbuch (K. 960—963). Im Gesetzbuch werden einige Vorschriften sogar verschärft.

Kanon 960 beginnt mit der Wiederholung der Norm I: *Das persönliche und vollständige Bekenntnis und die Absolution bilden den einzigen ordentlichen Weg der Versöhnung.* Dann werden im wesentlichen die Normen aufgegriffen, die für die Generalabsolution bei mehreren Büßern ohne vorangehendes Bekenntnis des einzelnen gelten (K. 961). Um gültig die sakramentale Absolution zu empfangen, ist notwendig:

1) Daß der Beichtende in der richtigen Verfassung ist.

2) Daß er die Absicht hat, zum gegebenen Zeitpunkt ein Bekenntnis aller noch nicht gebeichteten schweren Sünden abzulegen (K. 926).

3) Es ist notwendig, daß dieses Bekenntnis so bald wie

möglich abgelegt wird, bevor man neuerlich eine Generalabsolution erhält (K. 963).

Die erste Voraussetzung ist offensichtlich, aber die zweite, die Kanon 962 aufstellt, kann ich nicht verstehen. Denn dieser Kanon behauptet nicht nur, daß die Gläubigen verpflichtet sind, alle noch nicht gebeichteten schweren Sünden zu bekennen, sondern er stellt auch für die Gültigkeit der sakramentalen Absolution die Bedingung, daß man diesen Vorsatz hat. Ich glaube, ehrlich gesagt, daß die Wege Gottes verschieden sind von den kanonischen Vorschriften. Wenn ein Gläubiger wirklich bereut, ist er wirklich mit Gott und der Kirche versöhnt, sobald er die sakramentale Absolution erhält. Der Zusatz, nachher einzeln die noch nicht gebeichteten schweren Sünden zu bekennen, ist eine kirchliche Vorschrift, die die Vergebung Gottes nicht betrifft.

Die Scholastiker sagten, daß jeder Akt echter Reue das „votum sacramenti" einschließt und so versuchten sie zu erklären, daß ein Akt vollkommener Reue die Sünden auslöscht. Nun wird hinzugefügt — zwar sieht es aus, als wäre dasselbe ausgesagt, aber in Wahrheit ist der Fall verschieden —, daß der Beichtende für die Gültigkeit des Sakraments bereit sein muß, dem Priester einzeln alle nicht gebeichteten schweren Sünden zu beichten. Die Lösung ist einfach:

a) Wenn man das Gebot, alle schweren Sünden einzeln bekennen zu müssen, mit dem Gebot Gottes gleichsetzt, kann es keine echte Bekehrung und keine echte Reue geben, wenn man nicht bereit ist, den Willen Gottes zu erfüllen.

b) Aber wer die Verpflichtung, alle schweren Sünden dem Beichtvater zu bekennen, nicht mit einem göttlichen Gebot gleichsetzt, kann doch ehrlich bereuen, Gott und die Brüder beleidigt zu haben und Vergebung und sakramentale Gnade erlangen, ohne die Absicht zu haben, sich in der Privatbeichte der nicht gebeichteten schweren Sünden anzuklagen. Das ist meine Meinung. Und natürlich ist es nicht so leicht, zu bestimmen, welche Sünden konkret als schwer anzusehen sind, da es in der Antike manchen Versuch gab, diese gerade im Hinblick auf die klassische Buße auf drei zu reduzieren. Wenn man nur zwei Arten von Sünden anerkennt: *die Tod- oder schweren Sünden und die läßlichen oder leichten,* ist es sehr schwierig, die Selbstanklage aller schweren Sünden als Willen Gottes hinzustellen. Etwas anderes ist es, zum Empfang des Sakraments ein äußeres Zeichen der Reue zu geben.

5. Wie kann man diese Schwierigkeit überwinden?

Wir haben eingangs darauf hingewiesen, daß die Hauptschwierigkeit, die viele bei der Versöhnung mehrerer Pönitenten ohne vorangehendes Bekenntnis des einzelnen sehen, von den Lehren des Konzils von Trient kommt. Zwar bestehen die anderen Dokumente dringender als das Konzil von Trient selbst auf der Verpflichtung zum Bekenntnis, doch sie haben nicht dieselbe dogmatische Bedeutung. Nun, ein einfacher Vorschlag, um diese Schwierigkeit zu lösen, ist zu sagen, es handelt sich um eine *Disziplinarregel* und nicht um eine dogmatische These. So können sich die von Skrupeln frei machen, die fürchten, dem Urteil eines ökumenischen Konzils zuwider zu handeln. Viele Kanones des Konzils von Trient und anderer Konzilien wurden ohne Schwierigkeiten aufgegeben. Das erste ökumenische Konzil von Nizäa (325) verbietet, an Sonntagen oder zu Pfingsten kniend zu beten und schreibt vor, es stehend zu machen[21]; es ordnet an, die Paulianisten, die zur katholischen Kirche zurückkehrten, wieder zu taufen und zu weihen.[22] Das IV. Laterankonzil, dasselbe, das auch die jähr-

---

21 Kan. 20; Concil. Oecum. Decreta, Edit. Albergio, Herder Freiburg 1962, S. 15.
22 Kan. 19; ebda. S. 14.

liche Beichte und Kommunion vorschreibt, ordnet an, daß die Christen sich durch ihre Kleidung von Juden und Sarazenen unterscheiden sollten.[23] Das Konzil von Trient verurteilt jene, die behaupten, die Messe soll nur in der Volkssprache gefeiert werden oder man darf nicht Wasser unter den Meßwein mischen.[24] Die Vorschriften der Konzilien sind bedingt durch die Gebräuche und die Mentalität einer Zeit und können nicht unkritisch für alle Zeiten angewandt werden.

Der gesunde Menschenverstand verbietet uns auch, den alten Texten eine absolute und unbedingte Bedeutung beizumessen. Wenn das Konzil von Trient das Bekenntnis aller Sünden zur Vergebung fordert, stellt es sich nicht nur gegen die protestantische Lehre, sondern will auch darauf hinweisen, daß die richtige Spendung des Sakraments Kenntnis über die Verfassung des Beichtenden verlangt. Um zu binden oder zu lösen ist die Kenntnis dessen, was man bindet oder löst, erforderlich. Das nur allgemein gesprochen. Aber daraus ist nicht zu entnehmen, daß das Sündenbekenntnis im einzelnen notwendig ist. Mehr als die Sünden interessiert der Sünder, die seelische Verfassung des Beichtenden. Und niemand zweifelt daran, daß es dazu notwendig ist, daß der Gläubige sie irgendwie zu erkennen gibt, ein Sünder zu sein und um Vergebung zu bitten. Aber das kann man auf verschiedene Art. In der Antike bedeutete, sich in die Reihen der Büßer zu begeben, schon praktisch ein Sündenbekenntnis, zumindest der schwersten Sünden. Die Teilnahme an einer Bußfeier ist schon ein Zeichen, daß man sich als Sünder betrachtet, wenn auch die Sünden im einzelnen nicht angegeben und aufgezählt werden. Unter diesen Umständen kann ein allgemeines Bekenntnis sogar mehr anzuraten sein und befreiender wirken als das Beichten aller einzelnen Sünden.

---

23 Konst. 68; ebda. S. 242.
24 Sess. XXII, Kan. 9; DS 1759.

Aber die mögliche Schwierigkeit, die die Texte von Trient und spätere Dokumente des kirchlichen Lehramts aufweisen könnten, löst man besser, wenn man auf die Geschichte und die Theologie zurückgreift.

a) Die Praxis der alten Kirche

Wenn wir ein wenig in der Geschichte der kirchlichen Bußpraxis der ersten Jahrhunderte blättern, ist es schwierig hinzunehmen, daß die Sünden nur durch das volle Bekenntnis des Pönitenten und die Absolution des Priesters vergeben werden sollen. Einige Jahrhunderte hindurch war die einzige sakramentale Buße, die es in der Kirche gab, kein gewöhnliches, sondern eher ein außergewöhnliches, seltenes Mittel, das man nur ein Mal im Leben gewährte. Und die Menschen dieser Zeit sündigten ohne Zweifel mehr als ein Mal, bevor und nachdem sie die Kirchenbuße empfangen hatten. Aber das war ein Problem einiger weniger, denn „zumindest seit dem V. Jahrhundert konnte praktisch *die Mehrheit der Christen* die offizielle sakramentale Versöhnung erst auf dem Totenbett empfangen".[25] Und unter diesen Umständen pflegte man kein vollständiges Bekenntnis der Sünden zu verlangen. Ich sage nicht, daß sie der Pflicht zur vollen Beichte enthoben waren, weil ein solches Gebot nicht bestand, sondern daß es genügte, die Ursachen und Beweggründe aufzuzeigen, um die Versöhnung zu erbitten. Erinnern wir an einige wesentliche Details der damaligen Praxis.

1) In der alten Kirche gab es schon von Anfang an ein allgemeines Sündenbekenntnis, eine *exomológesis,* bei der

---

25 J. Ramos-Regidor: El sacramento de la penitencia (Das Sakrament der Buße), Salamanca 1975, S. 203; C. Vogel: Der Sünder und die Buße in der antiken Kirche: „Büßer zu werden war gleichbedeutend mit dem Tod für die Gesellschaft. Deshalb kam die Bußordnung ab dem Ende des V. Jh. außer Gebrauch und fand immer weniger Beachtung" (S. 85).

man Gott um Vergebung für die Sünden bat, bevor der Gottesdienst begann. Es war etwas Ähnliches wie unser „Confiteor" oder Bußakt, mit dem wir heute die Eucharistiefeier beginnen.[26] Aber es handelte sich nicht um eine sakramentale Beichte.

2) Zumindest seit dem III. Jahrhundert existierte auch ein Sündenbekenntnis vor dem Priester oder Beichtvater, um schlechte Eigenschaften zu korrigieren und sich in den Tugenden zu üben. Es handelte sich um geistliche Führung. Dieser Brauch war sehr verbreitet unter den Mönchen und Asketen und wurde vor einem geistlichen Leiter geübt, auch wenn dieser kein Priester war. Solche Bekenntnisse fallen nicht unter den Begriff Sakrament, obwohl sie dazu dienten, sich in Demut zu üben und Rat und Ermunterung im geistlichen Leben zu erbitten. Einige Autoren, wie P. Galtier und J. Groz, vertraten die Ansicht, daß diese Bekenntnisse sakramentaler Natur waren, wenn sie vor einem Priester abgelegt wurden,[27] aber heute ist man von dieser Ansicht abgegangen. Die alten Dokumente sprechen nur von einer kirchlichen oder kanonischen Buße für schwere Sünden. Später, im V. und VI. Jahrhundert, mangelte es nicht an eifrigen Christen, die die Kirchenbuße verlangten, ohne schwere Sünden zu haben, aber das muß mehr als Ausnahme betrachtet werden.[28]

---

26 Vgl. Didaché 4, 14; 14, 1.

27 Vgl. P. Galtier: L'Église et la rémission des péchés aux premiers siécles, Paris 1932; ders. L'Église et la rémission des péchés aux premiers Siécles. A propos de la penitence primitive, in RHE 30 (1934) 797—846; ders., Aux origines du Sacrament de pénitence. Rom 1951; J. Grotz: Die Entwicklung des Buß-stufenwesens in der vornizänischen Kirche, Freiburg 1955.

28 Vgl. Vogel, a. a. O. S. 57: „Einige tugendhafte Christen wurden zu Büßern ohne schwer gesündigt zu haben. Diese Praxis, so paradox sie auf den ersten Blick erscheinen mag, ist gut zu verstehen, wie wir später sehen werden."

3) Niemand leugnet, daß zum Empfang der kanonischen Buße und um zu unterscheiden, ob der Christ dazu verpflichtet war oder nicht, und um die Dauer der Bußzeit und die Schwere der Auflagen, die er erfüllen mußte, bestimmen zu können, ein Sündenbekenntnis oder irgendein Zeichen dafür, was ihn dazu bewog, die öffentliche Buße zu erbitten, notwendig war. Aber dieses vorhergehende Bekenntnis „am Eingang der Buße" kann man keinesfalls mit dem detaillierten Bekenntnis aller Sünden vergleichen, wie es das Konzil von Trient (Sess. XIV, Kan 7; DS 1707) vorschreibt. Das wäre ein schwerer historischer Irrtum, denn die Umstände und die ganze Art der Feier waren sehr verschieden.

Angesichts der Härte der Bußauflagen und schweren Verpflichtungen, die auf dem armen Sünder lasteten, neigte man de facto dazu, die Liste der Sünden möglichst einzuschränken, die mit der Kirchenbuße belegt waren. Im allgemeinen bestand die Tendenz, die Buße den sehr schweren und öffentliches Ärgernis erregenden Sünden vorzubehalten. Manche wollten sie auf die drei Hauptsünden beschränken (Abfall vom Glauben, Mord und Ehebruch)[29], aber das setzte sich nicht durch. Andere Autoren behaupteten im Gegenteil, daß die Kirche jenen, die solche Sünden begangen hatten, die Versöhnung nicht anbieten konnte (Tertullian in seiner montanistischen Zeit, Novatian).

Viele der Sünden, die die kanonische Kirchenbuße erforderten, waren öffentliche Sünden, weshalb es zumindest in

---

29 Man zitiert für gewöhnlich St. Pacian, Paraenesis ad paenitentiam, Kap. 5, aber es scheint nicht so zu sein, daß Pacian die öffentliche Buße auf diese drei Sünden beschränkt hat.
Heute herrscht allgemein die Auffassung, daß in der Antike niemals eine sakramentale Privatbuße neben der öffentlichen existierte. Man kann C. Vogel, Karl Rahner, P. Anciaux, Z. Alszeghy, J. Bada, P. Adnès, M. Schmaus, Carra de Vaux Saint-Cyr, H. Rondet, Vorgrimler etc. zitieren.

den kleinen christlichen Gemeinden der ersten Jahrhunderte kaum notwendig war, sie zu bekennen, weil man davon wußte. Seit der Massenbekehrung von Heiden zum Christentum in der konstantinischen Zeit änderten sich die Umstände beträchtlich.

4) Den Klerikern seit dem IV. und den Mönchen seit dem V. Jahrhundert war die Kirchenbuße wegen ihres rufschädigenden Charakters verboten. Wird es nicht für sie auch eine Möglichkeit zur Versöhnung gegeben haben? Zu diesem Schluß müßte man kommen, wenn das vollständige Bekenntnis und die Absolution durch den Priester das einzige gewöhnliche Mittel wären.[30]

5) Das eigentliche Problem in der Praxis der alten Buße war nicht das Sündenbekenntnis, sondern die schrecklichen Bedingungen, die es fürs ganze Leben mit sich zog, wenn man sich der Kirchenbuße unterwarf. Darum wurde sie abgelehnt. Einige Autoren sprechen von der Schande, die Sünden zu bekennen,[31] aber fast alle betonen die Schwierigkeiten, die aus der Buße und aus der peinlichen Lage eines Büßerlebens erwachsen. Gerade auf Grund dieser unmenschlichen Bußauflagen war die Kirchenbuße im VI. Jahrhundert fast nur älteren Personen oder Kranken in Todesgefahr vorbehalten.

Eine Schlußfolgerung drängt sich auf: es ist ein Irrtum zu behaupten, daß das detaillierte Bekenntnis im einzelnen vor dem Priester das einzige Mittel ist, die nach der Taufe begangenen Sünden erlassen zu bekommen. In der Antike feierte man die Buße in einer ganz anderen Form, die man

---

30 Über die Buße der Kleriker und der Mönche s. die notwendigen Erläuterungen in D. Fernández: El sacramento de la reconciliación, S. 137–141.

31 S. z. B. St. Pacian: „Mein Aufruf richtet sich daher vor allem an euch, Brüder, die ihr die Buße für die Sünden, die ihr begangen habt, zurückweist; euch . . . , die ihr nicht errötet darüber, daß ihr sündigt, aber errötet, wenn ihr beichten sollt" (vgl. Vogel S. 137).

mit der Privatbeichte unserer Tage nicht vergleichen kann, und es waren wegen ihres Ausnahmecharakters nur wenige Christen, die sie praktizierten. Unzählige Heilige und Christen der Antike haben niemals das Bußsakrament empfangen. Die beiden großen Sakramente zur Vergebung der Sünden waren die Taufe und die Eucharistie.

b) Die Theologie

1) Seit dem Beginn meiner Tätigkeit als Priester hat mich das Verhalten Jesu gegenüber den Sündern beeindruckt. Man nannte ihn einen „Freund der Zöllner und Sünder" (Lk 7, 34), und er vergibt ihnen immer großzügig, wenn er einem reuigen Menschen begegnet. Er fragt nicht, wie viele und welche Sünden er hat, sondern verlangt nur Glauben und Liebe. Es genügt eine Geste, ein Wort der Bitte, damit Jesus vergibt und lossprich: „Geh hin in Frieden, dein Glaube hat dir geholfen" (Lk 7, 50; vgl. Mt 9, 22). „Ihr ist viel vergeben worden, weil sie viel geliebt hat" (Lk 7, 47).

Für mich sind die Taten und Lehren Jesu bindender als die Dekrete des Konzils von Trient oder irgendeines anderen Konzils. Und Jesus vergibt der Sünderin (Lk 7, 36—50), der Ehebrecherin (Joh 8, 1—11), dem guten Schächer (Lk 23, 43) und zeigt, daß der Zöllner gerechtfertigt heimging, weil er rief: „Herr, sei mir Sünder gnädig!" (Lk 18, 13), und daß der Vater den jüngeren Sohn mit Freude aufnimmt, ihm vergibt und ein Festmahl feiert, weil er ihn lebendig wieder hat (Lk 15, 11—32).

Die Frage, die ich mir tausend Mal bei der Lektüre der Evangelien gestellt habe, ist die: Fordert Gott von uns heute mehr zur Vergebung der Sünden als Jesus verlangt hat? Ist die Barmherzigkeit Gottes heute geringer? Seine Gerechtigkeit und Heiligkeit fordernder?

Auf alle diese Fragen muß man mit einem glatten Nein antworten. Was Jesus getan hat, ist gut getan. Und Gott vergibt weiterhin großzügig, wenn er beim Menschen dieselbe Bereitschaft findet, ohne genaue Rechenschaft zu verlangen oder schwierige Bedingungen zu stellen. Die notwendige Mittlerschaft der Kirche soll helfen und nicht dem Menschen, der bereut und um Vergebung bittet, Hindernisse in den Weg stellen.

2) Die Theologen haben die Notwendigkeit des vollen Bekenntnisses von den Funktionen des Beichtvaters abgeleitet: er ist Richter und Arzt. Als Richter soll er die Sachlage kennen, um ein Urteil fällen zu können. Als Arzt muß er die Krankheit kennen, um sie heilen zu können.

Wir haben schon ausgeführt, wie die Rolle des Richters zu verstehen ist, und daß man die daraus abgeleiteten Folgen für das Sündenbekenntnis nicht übertreiben soll. Da ist das Bild vom Arzt, der die Krankheit behandelt und heilt, vorzuziehen. Daraus ergibt sich die Nützlichkeit, Angebrachtheit und sogar Notwendigkeit, die Sünden zu bekennen, um das richtige Gegenmittel nennen zu können. Es handelt sich um einen Vergleich und nicht um eine dogmatische These. Wie viele sind es wirklich, die bei schweren Sünden den Beichtvater um Rat bitten und seinen Anweisungen folgen, wenn sie nur ein Mal im Jahr kommen? Um die Ratschläge und die geistliche Führung bitten für gewöhnlich die Frommen, die keine schweren Sünden haben.

Der Arzt hilft dem Kranken, wenn dieser ihm seine Leiden und Krankheitssymptome angibt. Aber wenn die Pflicht zur Beichte aller schweren Sünden in der Praxis den Christen vom Empfang des Sakraments abhält, ist für seine Heilung nichts gewonnen. Man beruft sich auf eine nicht bestehende Funktion, um eine schwere Verpflichtung aufzuerlegen. Die Folgen, die sich aus diesen Funktionen für den Büßer ergeben, könnte man umso strenger beim Beichtvater verlangen. Als Richter und Arzt müßte er nicht nur Kenntnisse der Theologie, sondern auch der Psychologie und des geistlichen Lebens haben, um wirklich denen zu helfen, die sich an ihn wenden. Wenn man das als unerläßliche Bedingung einfordern wollte, müßte die Zahl der Beichtväter beträchtlich schrumpfen.

6. Ursprünge des detaillierten Bekenntnisses aller Sünden

Heute betont man die unausweichliche Verpflichtung zum vollständigen Einzelbekenntnis aller schweren Sünden. Dadurch entsteht der Eindruck, daß diese Verpflichtung immer bestand, und doch war es nicht so. Wir wollen zusammenfassen, wenn wir auch schon auf den vorangehenden Seiten ausgeführt haben, woher diese Vorschrift kommt.

a) *Entfernte Ursprünge.* Es gab ein freies und spontanes Bekenntnis vor dem Priester oder geistlichen Leiter, von dem schon Clemens von Alexandrien und Origenes sprechen.[32] Aber es scheint erwiesen, daß diese Privatbeichte auf die geistliche Führung ausgerichtet war, oder auf die Suche nach den geeigneten Mitteln, um in der Tugend Fortschritte zu machen. Sie hatte auch zum Zweck, zu bestimmen, ob es notwendig war, daß sich jemand der kirchlichen oder kanonischen Buße unterzog. Aber unserer Anschauung nach war das kein Sakrament.

Bei den Mönchen wurde diese Privatbeichte zur üblichen Praxis, um Demut zu üben und den Ältesten oder geistlichen Leiter um Rat zu bitten. Ihm vertrauten sie ihre Sünden und Schwächen an und baten um ein Wort der Ermunterung und Orientierung für das geistliche Leben. Die heiligen Basilius, Benedikt und Kassian sprechen davon als

---

32 Vgl. D. Fernández: El sacramento de la reconciliación, S. 143—147. Die Texte der alten Autoren findet man in H. Karp: La pénitence. Textes et Commentaires des origenes de l'ordre de l'Église ancienne, Neuchatel 1970.

Mittel zum geistlichen Fortschritt, aber es handelt sich nicht um eine sakramentale Beichte.

b) *Nähere Ursprünge.* Näher ist uns die Tarifbuße, die auf dem europäischen Kontinent Anfang des VII. Jahrhunderts eingeführt wurde; sie war der eigentliche Grund, warum der Brauch und die Verpflichtung zum Bekenntnis aller Sünden vor dem Priester eingeführt wurde. Bei diesem von den irischen Mönchen, die Europa evangelisiert haben, geförderten System fiel die Unwiederholbarkeit des Bußsakraments und wurde für jede Sünde eine Buße festgesetzt. Jeder Sünde entsprach eine konkrete Bußleistung, und wenn sich die Sünden verdoppelten oder verdreifachten, vervielfachten sich im selben Maß die auferlegten Sanktionen. Daher war es notwendig, alle Sünden und sogar ihre Anzahl zu beichten.

Da dieses System zwar sehr streng im Bezug auf die Sanktionen, aber leichter zu ertragen war als die alte Buße, verbreitete es sich schnell in ganz Europa. Aber weil die für die begangenen Sünden auferlegten Bußen so streng waren und sich mit ihrer Zahl vervielfachten, wurde es bald undurchführbar. Das ganze Leben genügte nicht, um einige Bußen zu erfüllen. Darum wurde sehr bald das System der *Ersatzleistungen und Ablösen* eingeführt, das ein wenig die Buße milderte, aber nicht die Verpflichtung, sich aller Sünden anzuklagen.

Nach und nach ging man ab von den strengen Bußen und betrachtete das detaillierte Sündenbekenntnis als Ersatz für die alten Bußübungen. Die Scham, die man empfindet, wenn man die Sünden ausspricht, sollte als genügende Buße gelten. Und so begann die Praxis, dieselben Sünden mehrmals und vor mehreren Beichtvätern zu bekennen, weil so die Schande und auch die Buße größer war. Einige Folgeerscheinungen dieses Brauchs haben sich bis in unsere Tage erhalten: Das Bekennen von Sünden aus einem früheren Lebensabschnitt, das viele noch praktizieren, hat zwei

Gründe: 1. die Materie des Sakraments zu sichern, wenn man sich nur kleiner Fehler und Schwächen anklagt, die nicht wirklich als Sünden gelten können; 2. um die echte Reue über die Sünden eines vergangenen Lebens zu erneuern und anzuregen.

Wenn ein liturgischer Brauch eingeführt wird, erhält er sich im allgemeinen jahrhundertelang, und dann ist man bemüht, ihn von der Schrift und der Theologie her zu rechtfertigen. Das ist auch beim Sündenbekenntnis der Fall gewesen. Seit dem XIII. Jahrhundert erhielt sich die Privatbeichte praktisch als einzige gewöhnliche Form der Buße, man ging sogar dazu über, den ganzen Ritus des Bußsakraments „Beichte" zu nennen. Als 1215 das IV. Laterankonzil die Verpflichtung aufstellte, einmal jährlich zu beichten und zu kommunizieren, bestand das Sakrament darin, sich zu prüfen, dem Beichtvater die Sünden reuig zu bekennen und die Lossprechung zu bekommen. Die Buße bekam man vorher auferlegt und sie wurde auf ein Minimum reduziert. Deshalb bestehen die Dokumente dieser Zeit darauf, daß man alle schweren Sünden beichten muß. Diese Tendenzen verschärften sich in Trient als Reaktion auf die Protestanten und so ist es bis in unsere Tage geblieben. Wer aus Scham oder Furcht eine schwere Sünde ausläßt, begeht ein schreckliches Sakrileg. So sind wir, die wir schon älter sind, erzogen worden und auch viele unserer Schüler. Nur das Studium der Geschichte der Theologie und die weiten Horizonte, die das II. Vatikanum eröffnete, konnten uns von diesen überholten theologischen Erscheinungen befreien.

Heute scheint mir der Grund, warum man auf dem vollständigen Einzelbekenntnis als *einzige Form,* die Vergebung zu erhalten, besteht, ein Anachronismus. In den ersten sechs Jahrhunderten war das Bußsakrament keine gewöhnliche Form, die Vergebung der Sünden zu erlangen, denn es wurde nur *ein Mal* im Leben und in Ausnahmefällen gespendet. Man empfing es seltener als heute die Krankensalbung.

Aber konkret war mehr noch als die Lehre des Konzils von Trient der Grund, auf diesem Punkt zu bestehen, die Veröffentlichung der *Normen für die Pastoral* 1972 (AAS 64 [1972] 510—514) durch die Glaubenskongregation; diese übertrieben und verschärften die Lehre von Trient. Diese Normen verhinderten eine bessere und tiefere Erneuerung des Bußsakraments und haben weiterhin bis heute Einfluß auf seine Feier. Wir haben aufgezeigt, daß sie unserer Auffassung nach einen historischen und theologischen Irrtum enthalten, und trotzdem haben sie ins neue Bußritual, das Kirchengesetzbuch und den apostolischen Aufruf „Versöhnung und Buße"[33] Eingang gefunden. Wir hoffen, daß diese Gedanken einer sachlichen Diskussion dienlich sind und dazu beitragen, die Lehre des Evangeliums zu erhellen und die Hindernisse auszuräumen, die sich der Erneuerung der Bußfeier in der Kirche heute entgegenstellen.

7. Nutzen für die Pastoral

Seit vielen Jahren sind wir für die Vorteile eingetreten, die diese Form der Feier für die Pastoral hat, sollte sie von der Hierarchie als reguläre Form der Bußfeier eingerichtet werden.[34] Ich glaube, von der Liturgie her ist es die am besten abgerundete und ausgereifte Form, die am besten aufgebaute, denn so wird nicht eine Gemeinschaftsfeier durch die Beichte und Absolution der einzelnen unterbrochen. Die ganze Gemeinde nimmt teil an dem Ritus mit den Gebeten, dem Hören des Wortes, der Bitte um Verge-

---

33 Vgl. Bußritus Nr. 31—34; CIC, Kan. 960—963; Rec. u. Paenit. Nr. 31.

34 Vgl. D. Fernández: Renovación del sacramento de la penitencia, Pastoral Misionera, (1967), Nr. 4, S. 45—59, Nr. 5, S. 54—71; ders. Nuevas perspectivas del saramento de la penitencia, Valencia 1971, S. 147—155; ders. El sacramento de la reconciliación, Valencia 1977, S. 293—299.

bung, dem gemeinschaftlichen Bekenntnis der Schuld und schließlich der Feier der Versöhnung und Danksagung. Diese Form der Feier erfordert nicht viele Beichtväter, was eine der Schwierigkeiten der ersten Variante (Versöhnung vieler Pönitenten mit Einzelbekenntnis und -absolution) ist. Die Form C (Versöhnung vieler Pönitenten mit allgemeinem Bekenntnis und allgemeiner Absolution) kann, gut vorbereitet, die ideale Form für religiöse Gemeinschaften, Seminare, Buben- und Mädchenschulen, Exerzitiengruppen, Cursillos und andere Gruppen sein, die einige Tage der Einkehr oder des Zusammenlebens unter der Leitung eines Priesters halten. Aber sie wird auch die angebrachteste und wirksamste sein für das christliche Engagement in den Pfarrgemeinden, wenn man die entsprechende Vorbereitung und Einführung hält. Vor allem im Advent und in der Fastenzeit sollte eine solche Feier eingeführt sein, wenn es die Umstände erlauben. Es bietet sich sogar die Möglichkeit, den Prozeß der Buße in seine verschiedenen Phasen zu gliedern: einmal widmet man sich dem Zusammentreffen, dem Hören des Wortes Gottes und der Gewissenserforschung. Ein anderes Mal der Vertiefung der Reue, der Bitte um Vergebung und dem Vorsatz zu einer Buße, die man erfüllen soll, bevor man die Absolution bekommt. In einem dritten Schritt versammelt man wieder die Gemeinde oder die Gruppe, um mit Freude die gemeinsame Versöhnung zu feiern.

Daß wir für die Möglichkeit und den Nutzen dieser Form der Feier eintreten, will nicht sagen, daß wir andere Arten, das Sakrament zu empfangen, und im besonderen die Einzelbeichte, nicht schätzen. Sie ist eine menschliche Notwendigkeit, die dem tiefen Wunsch entspricht, die Sünden einer Person unseres Vertrauens zu beichten und zu bekennen, die die Macht hat, die Vergebung im Namen Gottes zu erteilen. Es ist eine unabdingliche Verpflichtung, allen Gläubigen die Möglichkeit zur sakramentalen Einzelbeichte zu bieten. Davon haben wir anderswo gesprochen,[35] und wir bleiben bei unserer Einstellung, daß diese Art der Privatbeichte weiterhin bestehen soll. Es handelt sich nicht um eine Alternative, sondern um eine Ergänzung. Wir sollen nicht das Bußsakrament aushöhlen, indem wir eine einzige Form der Feier vorschlagen. Jede Form hat ihre eigenen grundlegenden Werte, die man für das christliche Leben in den Gemeinden nützen muß.

---

35 El sacramento de la reconciliación, S. 303—315.

II

Die Einzelbeichte

> Besteht eine Verpflichtung, schwere Sünden nach Empfang einer Generalabsolution in der Einzelbeichte zu bekennen?

Das ist eine Frage, die sich sehr häufig Priester und Gläubige stellen und die man extra behandeln sollte.

Warum Sünden bekennen, die schon in einer Gemeinschaftsfeier vergeben worden sind? Wie rechtfertigt man diese von der Kirche auferlegte Verpflichtung?

Diese Regel ist von Anfang Gegenstand einer Diskussion gewesen. *Die Anweisungen* der spanischen Bischöfe für die Pastoral widmet ihr große Aufmerksamkeit und ist bemüht, diese Disziplinarregel nicht nur von der Norm her zu rechtfertigen, sondern vom Wesen des Sakramentes her (vgl. Nr. 63, 64). Dieses Bemühen und die Suche nach tieferen Gründen, warum man auch nach Empfang einer Lossprechung in einer Gemeinschaftsfeier die persönliche Beichte vor dem Priester fordert, ist sehr löblich. Einige der Gründe, die dieses Dokument anführt, scheinen mir wenig überzeugend, z. B. wenn es von der notwendigen Mittlerschaft der Kirche spricht oder von der Notwendigkeit, die Bekehrung nach außen zu zeigen, so als wären diese Elemente nicht in der Gemeinschaftsfeier besser gegeben. Aber wir wollen uns jetzt nicht damit befassen.

1. Als erstes muß man akzeptieren, daß die heutigen Normen den Gläubigen die Pflicht auferlegen, persönlich alle noch nicht bekannten schweren Sünden zu beichten: Wer die Generalabsolution nach einem allgemeinen Sündenbekenntnis bekommt, muß bereit sein, zu einem gegebenen Zeitpunkt die schweren Sünden zu beichten, die er unter den gegenwärtigen Umständen nicht beichten konnte (Bußritus N. 33).

Wer durch eine Generalabsolution von schweren Sünden losgesprochen worden ist, soll zur Beichte kommen, bevor er nochmals eine Generalabsolution erhält, außer es hält ihn ein triftiger Grund davon ab. In jedem Fall ist er verpflichtet, im Laufe des Jahres zum Beichtvater zu gehen, außer es ist ihm dies moralisch nicht möglich.

Der Grund für diese Norm ist, daß „auch für ihn das Gebot aufrecht ist, daß jeder Christ zumindest einmal im Jahr eine persönliche Beichte aller seiner Sünden — der schweren, versteht sich — ablegen soll, die er noch nicht gebeichtet hat" (Bußritus Nr. 34).

Kanon 963 des neuen Gesetzbuches verschärft noch diese Verpflichtung, indem er sagt, das soll „so bald wie möglich" geschehen: „Unbeschadet der Verpflichtung nach can. 989 hat der, dem durch Generalabsolution schwere Sünden vergeben werden, bei nächstmöglicher Gelegenheit (,quam primum'), sofern nicht ein gerechter Grund dem entgegensteht, ein persönliches Bekenntnis abzulegen, bevor er eine weitere Generalabsolution empfängt" (K. 963).

2. Dies sind die gültigen Normen. Man muß hinzufügen, daß diese Klausel, die die Verpflichtung zur Beichte auferlegt, seit dem Mittelalter immer wiederholt worden ist; wenn jemand die sakramentale Absolution ohne Sündenbekenntnis in Todesgefahr, wegen schwerer Krankheit, wegen der großen Zahl der Gläubigen oder wegen eines anderen Grundes, der es verhindert, bekommt, ist der Gläubige ver-

pflichtet, eine Einzelbeichte abzulegen, sobald die Gefahr vorbei ist. Aber lenken wir unser Augenmerk auf zwei wichtige Dinge:

a) Diese dringlichen Fälle (in Kriegszeiten, Todesgefahr, bei Sterbenden, physischer oder moralischer Unmöglichkeit) stellen liturgisch ein ganz anderes Bild dar als eine gut vorbereitete gemeinschaftliche Bußfeier, die ohne Eile unter der Leitung eines Priesters abgehalten wird.

b) Wenn in der Antike ein Kranker in Todesgefahr um die Versöhnung bat — ein sehr häufiger Fall — wurde sie ihm ohne Schwierigkeiten gewährt. Wenn er gesund wurde, forderte man von ihm nicht das Sündenbekenntnis, sondern die Kirchenbuße, die die Kanones festlegten, und das war das Schwere.

Wir glauben daher nicht, daß man die dringenden Fälle vergangener Jahrhunderte im Bezug auf spätere Verpflichtungen mit den Gläubigen von heute vergleichen kann, die freiwillig zu einer gemeinschaftlichen Bußfeier kommen.

Um der größeren Klarheit willen wollen wir uns auf den Fall der Gläubigen beschränken, die an einer Gemeinschaftsfeier teilnehmen (Form C: Versöhnung mehrerer Pönitenten mit allgemeinem Bekenntnis und Generalabsolution). Warum erlegt man diesen Gläubigen die Verpflichtung einer späteren Einzelbeichte „bei nächstmöglicher Gelegenheit" (K. 963) und in jedem Fall „bevor er eine weitere Generalabsolution empfängt" auf?

1) Man kann nicht in Zweifel ziehen, daß die Gläubigen, die in der rechten Bereitschaft an solchen Feiern teilnehmen, die Versöhnung Gottes erhalten.

2) Deshalb ist das spätere Bekenntnis nicht dazu da, die Vergebung zu bekommen, sondern man kann es als Zeichen oder Ausdruck einer aufrichtigen Bekehrung deuten. Man könnte es dem, der es will, anraten, aber nicht aufzwingen.

3) Das eine ist die kirchliche Disziplin, das andere die Theologie. Beide sollten im Einklang stehen, aber nicht immer ist es so. Die heutigen Normen gehen von der Annahme aus, daß es göttliches Gebot ist — vom Konzil von Trient feierlich verkündet —, alle schweren Sünden dem Priester zu beichten, um die Vergebung der Sünden zu bekommen. Wir haben schon gesehen, daß diese Annahme falsch ist.

4) Man nimmt auch an, daß das Bekenntnis ein wesentlicher Bestandteil des Bußsakraments ist, darum hält man es für unmöglich, darauf zu verzichten. Aber man setzt das Schuldbekenntnis des Pönitenten mit der vollständigen Einzelbeichte gleich, und dieser zweite Teil ist nicht richtig und nicht wahr. Sich vor Gott und der Kirche als Sünder zu bekennen kann verschiedene Formen annehmen.

5) Es wäre sehr wünschenswert, daß diese Richtlinien sich so bald wie möglich ändern, aber, da solche Auffassungen existieren, muß man sie vorderhand respektieren und sich daran halten.

6) Da diese *Einstellungen* existieren, wenn wir sie auch nicht für richtig halten, suchen die Theologen und Bischöfe in der *Pastoralinstruktion* eine annehmbare Erklärung dafür, anstatt ihre theologischen Grundlagen in Frage zu stellen. Ich muß bekennen, daß die „Theologischen Richtlinien" der spanischen Bischöfe, die dem Bußritus angefügt wurden, eine recht befriedigende Erklärung gegeben haben (Nr. 64 und 80): „Das Bekenntnis der Sünden — heißt es da — ist ein wichtiger Teil der normalen Feier der Buße, und als solchen muß man es werten; im Fall der Generalabsolution kann es der Absolution folgen, ohne daß es dadurch seinen Bußcharakter verliert" (Nr. 64, S. 37).

„Das Bekenntis der Sünden, als persönlichkeitsbildendes Element der Feier der Buße, ist jener Teil dieses Sakraments, auf dem tatsächlich jahrhundertelang vor allem die Aufmerksamkeit der Hirten ruhte. Daher ist es vielleicht nötig, eine kluge Anstrengung zu unternehmen, damit es den Platz zurückerhält, der ihm im Ganzen zukommt" (ebenda). Das heißt, daß das Sündenbekenntnis und die Absolution nicht die einzigen Elemente des Sakraments werden sollen. Man hat ihm in der Pastoral zu viel Bedeutung beigemessen und mißt sie ihm in kirchlichen Anordnungen noch bei.

Und ausdrücklich im Bezug auf dieses nach einer gemeinschaftlichen Bußfeier nachgeholte Bekenntnis sagen sie: „Der Sinn dieses Bekenntnisses ist es nicht, die Vergebung der Sünden zu erhalten, sondern der eines Bußaktes, der Ausdruck der Bekehrung und Bitte an den Spender des Sakraments um Hilfe und Erleuchtung für eine konkrete Situation ist" (Nr. 80, S 45—46). Und ganz zu recht wird betont: „Die sakramentale Wirkung dieser Form der Buße ist nicht abhängig von dem späteren Bekenntnis des Pönitenten, obwohl dieser dazu bereit sein muß, wenn er sich schwerer Sünden bewußt ist" (Nr. 76, S. 44).

7) Das alles scheint sehr vernünftig und angebracht von der wirklichen Situation her, in der wir vom Hl. Stuhl gegebene Normen vorfinden, aber das Vernünftigste wäre, wenn diese Anordnungen in einer späteren Gesetzgebung abgeändert würden. Aus diesem Gesichtspunkt — ausgehend von der nicht zu leugnenden Tatsache der durch kanonische Gesetze aufgebürdeten Verpflichtung — muß man das Bemühen der neuen „Pastoralinstruktion", diese Normen von der Theologie und Pastoral her zu rechtfertigen, beurteilen (vgl. Nr. 63—64).

*

Warum sind wir der Meinung, daß das Beste und Vernünftigste wäre, die Gesetzgebung zu ändern?

1. Die Frage im Hintergrund ist die:

a) Gibt es ein göttliches Gebot, dem Priester alle Sünden

zu beichten, um Vergebung zu erhalten? Wir haben schon gesagt, daß es ein solches Gebot nicht gibt.

b) Ist das Sündenbekenntnis ein wesentlicher Bestandteil des Bußsakraments?

Man kann mit ja antworten, aber das Sündenbekenntnis, das ein Akt des Glaubens und der Hoffnung auf Vergebung ist, darf nicht mit der Verpflichtung gleichgesetzt werden, dem Sakramentenspender alle nicht gebeichteten schweren Sünden zu bekennen. Es gibt viele Arten, vor Gott und vor der Kirche die Sünden zu bekennen. Tränen sind ein beredteres Zeichen als Worte. Büßergewand und Geißel oder sich das Haupt mit Asche zu bedecken und am Kirchentor die Gläubigen um ihr Gebet zu bitten war ein eindrucksvolles Bekenntnis der Sünden vor der ganzen Kirchengemeinde. Heute an einem Bußakt teilzunehmen und Gott und die Brüder um Vergebung der Sünden zu bitten ist Bekenntnis genug und verrät mehr religiöses und kirchliches Gefühl als das geheime Bekenntnis vor dem Priester.

c) Hat das geheime Bekenntnis vor dem Priester Vorteile für die Pastoral? Zweifelsohne hat es die und sogar viele. Aber es ist angebracht zu unterscheiden:

1) Für viele ist es eine Notwendigkeit und Erleichterung, sich vom Bewußtsein der Sünde zu befreien, indem sie vor dem Priester ein Bekenntnis ablegen und die Absolution bekommen. In einem persönlichen Bekenntnis kann man Erleichterung, Frieden und Trost finden. Es wäre schädlich, diese Praxis zu unterbinden oder davon abzugehen.

2) Für viele andere ist die Verpflichtung, dem Priester ihre Sünden zu beichten, ein Hindernis, das sie von dem Sakrament fernhält. Für andere wird es zum Alptraum, zur Qual. Vielen hat es Neurosen und psychische Erkrankungen eingebracht. Vor diesen Tatsachen die Augen zu verschließen ist nicht ehrlich.

Aus diesen Gründen denke ich, daß das Bekenntnis der Sünden vor dem Priester als Vertreter der Kirche zur sakramentalen Versöhnung etwas sehr Gutes und Anzuratendes ist: es verhilft zu einer ernsten Gewissenserforschung, zur Vertiefung der Reue, sich persönlich und existentiell mehr zur Besserung zu verpflichten, man kann Ermutigung bekommen, um die Schwierigkeiten zu überwinden, die man im christlichen Leben vorfindet und viele andere Vorteile mehr.

Aber dieses Bekenntnis aller Sünden als verpflichtend auferlegen, in dem Glauben, daß auf andere Weise keine Vergebung möglich ist und die schweren Schäden vergessen, die dieses Gesetz verursacht hat, halte ich für ungerecht und schädlich für die Menschen. Man darf nicht vergessen, daß es viele Mittel und Formen gibt, nach außen Reue zu zeigen und sich vor der Kirche und vor Gott als Sünder zu bekennen.

2. Auf Grund dieser Voraussetzungen können wir schon konkreter auf die Frage antworten, die wir uns eingangs gestellt haben:

1) Es scheint uns treffender und vernünftiger, die Verpflichtung aufzuheben, die Sünden nach einer Generalabsolution noch beichten zu müssen, denn was Gott vergeben hat, vergibt er für immer. Der Christ, der an einer gemeinschaftlichen Bußfeier teilnimmt, erhält die volle Vergebung und Versöhnung mit Gott und der Kirche, wenn er die richtige Einstellung mitbringt. Er hat alle Voraussetzungen, die das Sakrament fordert, besser erfüllt als in der Privatbeichte. Warum ihm neue Verpflichtungen auferlegen? Die Buße, die man ihm gibt, kann nur sinnvoll sein im Hinblick auf eine vollkommenere Gleichgestaltung mit Christus. Man könnte höchstens daran denken, daß das „allgemeine Bekenntnis" dieser Feiern *ausdrucksvoller* werden sollte.

2) Denn es gibt kein göttliches Gebot oder eine Verpflichtung „göttlichen Rechts", dem Priester alle schweren Sünden zu beichten. Das hat noch eine wichtige Konsequenz. Wenn man sagt, es kann keine echte Reue geben, wenn

sie nicht den Vorsatz einschließt, später alle Sünden zu beichten, ist das nur wahr in der Annahme, daß es ein derartiges göttliches Gebot gibt, was wir verneinen. So verschwindet auch die übermäßige Strenge des — theologisch schwer zu akzeptierenden — Kanon 962, der den Vorsatz zur späteren Beichte als Bedingung für die Gültigkeit der sakramentalen Absolution auferlegt.

3) Das Bekenntnis, als Ausdruck der echten Bekehrung, bleibt genügend erhalten in der Gesamtheit der Gemeinschaftsfeier, die ausdrücklich ein allgemeines Bekenntnis der Sünden einschließt. Wenn man das für ungenügend hält, könnte man ein wenig den Ritus dieser Feier überarbeiten, aber nicht zu einem späteren Bekenntnis verpflichten.

4) Der Priester muß immer bereit und verfügbar sein, um die Gläubigen einzeln zu empfangen und seine Aufgabe im Geist Jesu zu erfüllen. Diese Aufgabe, die der Priester als Vater, als Arzt, als Lehrer an allen erfüllen soll, die sich an ihn wenden, rechtfertigt nicht, daß man allen Christen, auch denen, die schon mit Gott und der Kirche versöhnt sind, als Verpflichtung die Beichte aller schweren Sünden auferlegt.

III

Buße und Eucharistie

Man spricht heute nicht oft von der Eucharistie als *Sakrament zur Vergebung der Sünden*. Vielleicht sollten wir sagen, das ist nicht genug zum Volk und in die allgemeine Katechese vorgedrungen, denn in den letzten Jahren haben sich verschiedene Autoren mit dieser Frage beschäftigt.[1] Die alten Autoren und auch die mittelalterlichen haben im Gegenteil diesem Aspekt der *Reinigung und Sühne* der eucharistischen Feier große Bedeutung gegeben. Auch das Konzil von Trient sah sich veranlaßt, den *Sühnecharakter des Meßopfers zu verkünden*, das Sünden und Verbrechen vergibt, so schwer sie auch sein mögen; denen zu verzeihen, die im Geist wahrer Reue und Buße daran teilnehmen.[2] Das wurde in der XXII. Sitzung über die Eucharistie gesagt,

---

1 D. A. Tanghe: L'Eucharistie pour la rémission des péchés, Irenikon 34 (1961) 165—181; J. M. Tillard: L'Eucharistie, purification de l'Eglise pérégrinante NRT 84 (1962); ders.: l'Eucharistie, Pâque de l'Eglise Paris 1964; Pénitence et eucharistie, LMD 90 (1967) 103—131; J. A. Gracia: La eucaristía como purificación y perdón de los pecados en los textos litúrgicos primitivos, Phase 7 (1967) 65—77; J. Ramos-Regidor, El sacramento de la penitencia, Salamanca 1975, S. 367—375; D. Fernández. El sacramento de la reconciliación, Valencia 1977, S. 204—210; J. L. Larrabe: Reconciliación y penitencia en la misión de la Iglesia, Madrid 1983, 213—223; J. M. R. Tillard: El pan y el cáliz de la reconciliación, Concilium 7 (1971/1) 35—51; P. Browe: Die Kommunionvorbereitung im Mittelalter, ZKTh 56 (1932) 375—415.

2 Ses. XXIII. Kap 2; DS 1743.

um die Lehre der Protestanten zu verurteilen, die behaupteten, daß die Messe weder ein Opfer ist noch für unsere Sünden dargebracht wird. Für sie ist die Messe nur Erinnerung an das Letzte Abendmahl, Gedächtnis des Kreuzesopfers. Es ist Testament und Versprechen der Sündenvergebung. Aber die Messe, soweit sie ein Opfer ist, kommt weder den Lebenden noch den Toten zugute.[3]

Es ist verständlich, daß dieses Leugnen die Konzilsväter bewog, die Vergebung durch das Meßopfer zu betonen. Aber die Frage kann nicht auf den Sinn der Texte des Trienter Konzils beschränkt bleiben. Im XVI. Jahrhundert war viel von dem Wert verlorengegangen, den man von altersher der Eucharistie als Sakrament der Versöhnung und Sündenvergebung beigemessen hatte. In einer Zeit, in der die sakramentale Buße eine Ausnahme war, war das große Sakrament der Vergebung nach der Taufe für die Sünden des täglichen Lebens die Eucharistie. Erst später hat das Sakrament der Buße die anderen Sakramente in dieser Funktion der Vergebung ersetzt.

Erinnern wir uns, daß im Mittelalter eine der Formen der kirchlichen Buße, um die Vergebung zu erhalten, die *Bußwallfahrt* war. Das war ein offizielles Mittel zur Vergebung vom IX. bis etwa zum XII. Jahrhundert.[4] Aber das Wallfahrten als Buße hatte schon viel früher begonnen, wenn auch ohne offiziellen Charakter. Und wenn die Pilger im V. oder VI. Jahrhundert nach Rom oder Jerusalem oder in andere Wallfahrtsorte kamen, nahmen sie an der Eucharistie teil, denn sie betrachteten sich als genügend von ihren Sünden befreit und die Eucharistie *besiegelte diese Vergebung und Versöhnung.* Empfingen diese Pilger auch vor der Eu-

---

3 Vgl. CT, VII, Act. pars IV, vol. 1, S. 375—376.

4 Vgl. F. Bourdeau; El camino del perdón, Kap. 2; Peregrinos de la Edad Media, Estella 1983, S. 49—75.

charistie das Sakrament der Buße oder nahmen sie an einem anderen Bußritus teil? Vor dem VII. Jahrhundert empfingen sie sicher nicht die sakramentale Kirchenbuße. Die alten Texte zeigen uns nie die Pilger, wie sie die sakramentale Absolution erbitten oder erhalten, um an den göttlichen Mysterien teilhaben zu können. Sie waren eher der Ansicht, daß die Wallfahrt genug Buße und entsprechende Voraussetzung für die Vergebung war. Die Eucharistie war das „Pascha des Pilgers", und aus demselben Grund das Zeichen der Versöhnung und Befreiung von den Sünden.[5]

1. Heilige Schrift

Können wir den versöhnenden Charakter der Eucharistie in der Hl. Schrift selbst entdecken? Alle Erzählungen der Synoptiker von der Einsetzung der Eucharistie (Mt 26, 21—25; Mk 14, 18—21; Lk 22, 21—23) sprechen deutlich von dem „für die Vergebung der Sünden vergossenen Blut" oder daß es „vergossen wurde für die vielen" oder „für euch". Selbst Johannes (Joh 6, 51—58) erwähnt mehrmals das Brot, das Er ihnen geben wird, das „sein Fleisch für das Leben der Welt" ist. Die älteste Stelle von Paulus (1 Kor 11, 23—26) erwähnt den „Leib, der für euch hingegeben wird". Wir wollen diesen Punkt nicht ausführen, sondern nur erinnern, daß die Einsetzungsberichte die Eucharistie zweifelsohne als *Sakrament zur Vergebung der Sünden* darstellen.

Manche wollten denselben Gedanken aus den Mahlzeiten Jesu mit Zöllnern und Sündern, bei denen von der Vergebung der Sünden die Rede ist, herauslesen; das Festmahl, das Levi für Jesus und seine Jünger gibt (Lk 5, 29); das Essen im Haus des Zachäus (Lk 19, 1—10), die Vergebung für die Sünderin beim Essen im Hause Simons des Pharisäers (Lk 7, 36—50), das Gleichnis vom verlorenen Sohn (Lk

---

5 Ebda. S. 30—31.

15, 11—32) etc. So wie diese Erzählungen abgefaßt sind, scheinen sie auf die eucharistische Feier in den Urgemeinden anzuspielen und könnten ein Hinweis — kein Beweis — dafür sein, daß die ersten Christen in ihren geschwisterlichen Gastmählern auch der Sündenvergebung gedachten.

2. Die alte Kirche

Was sagen uns die Texte der Kirchenväter und die alte orientalische oder westliche Liturgie über die Eucharistie als Sakrament der Vergebung?

a) Bezüglich der *Liturgie* beschränken wir uns darauf, einige Angaben aus der Studie von A. Tanghe im *Irenikon* wiederzugeben:

Die Theologen werden erklären müssen, wie die Eucharistie so wirkt, aber es besteht kein Zweifel, daß in den Sakramentarien von Leo, Gelasius und Gregor von der Eucharistie als Sündenerlaß *(absolutio, venia, liberatio)* die Rede ist, daß sie die Seele reinigt und läutert *(purgatio, mundatio, purificatio)*, Genugtuung für die Gott angetane Beleidigung ist *(expiatio, satisfactio)*, daß sie unsere Seele gesund und heilig macht *(santificatio, sanitas, salus)*.[6]

Im IX. Jahrhundert schreibt ein Konzil von Rouen diese Formel für den Augenblick der Kommunion vor: „Der Leib und das Blut des Herrn mögen Euch *zur Vergebung der Sünden* und zum ewigen Leben gereichen".[7]

Im *Sakramentarium von Verona*, das im IV.—V. Jahrhundert zusammengestellt wurde, spricht man häufig von der

---

6 Vgl. D. A. Tanghe zit. Art. S. 167; vgl. E. Janot: L'Eucharistie dans les sacrementaires occidentaux, RSR 17 (1927) 5—24. Über diese der Eucharistie zugeschriebenen reinigende Wirkung, vor allem in ihren Gebeten, s. den Artikel von J. A. Gracia; La eucaristía como purificatión y perdón de los pecados en los textos litúrgicos primitivos, Phase 7 (1967) 65—77.

7 Tanghe, zit. Art. 167.

Eucharistie als Medizin und Mittel gegen die Sünde, und es wird festgestellt, daß sie unsere Schuld sühnt und wegwäscht. Und das wird nicht gesagt von einer vorhergehenden Feier, sondern von der Feier der Eucharistie selbst. Ein Beispiel:

„Vergib, Herr, wir bitten dich, unser Unrecht, damit wir es verdienen, deine Gaben zu empfangen, laß uns die Gerechtigkeit lieben."[8]

Sogar in vielen Gebeten nach der Kommunion im heutigen römischen Meßbuch bittet man, daß die Eucharistie uns von unseren Sünden befreie und uns am ewigen Leben teilhaben lasse.

In der syrisch-orientalischen Liturgie verwendet man seit Jahrhunderten bis heute die folgende Formel zur Kommunionspendung: „Der Leib unseres Herrn Jesus Christus für den frommen Gläubigen N. N. *zur Vergebung der Sünden und für das ewige Leben.*"[9]

Es besteht kein Zweifel, daß diese Formeln Ausdruck einer Überzeugung und einer Theologie sind.

b) Es gibt noch mehr Texte der heiligen Kirchenväter, die von der reinigenden und vergebenden Kraft der Eucharistie sprechen. Eine Auswahl der Autoren und Zitate drängt sich auf.

Einer der Autoren, die am meisten auf dieser Tatsache bestehen, ist der *Hl. Ambrosius von Mailand* (333—397). Bei ihm finden wir eine ganze Reihe unverkennbarer Zeugnisse über die reinigende und vergebende Kraft der Eucharistie.

---

8 Vgl. P. Sorci, L'Eucaristia per la remissione dei peccati. Ricerca nel sacramentario Veronense. Istituto Superiore di scienze Religiose, Palermo 1979, S. 328.

9 Vgl. Brightman, Liturgies Eastern and Western, Oxford 1896. S. 298. Zit. von D. A. Tanghe, S. 168.

Und da er sehr gut weiß, daß der Mensch ständig in Sünde fällt, bemerkt er:

> „Wenn er sein Blut jedes Mal zur Vergebung der Sünden vergießt, muß ich ihn immer empfangen, damit er meine Sünden immer vergibt. Wenn ich ständig sündige, muß ich immer ein Gegenmittel haben".[10]

Der Hl. Ambrosius konnte als Mittel gegen die häufigen Sünden nicht das Bußsakrament anbieten, denn zu seiner Zeit empfing man es nur einmal im Leben, und es war den schwersten Sünden vorbehalten. Deshalb greift er zur Eucharistie als das große Mittel, um uns von unseren Sünden zu befreien:

> „Jedes Mal, wenn du trinkst, erhältst du die Vergebung der Sünden und berauschst dich mit dem Geist".[11] Und kurz vorher hatte er gesagt: „Wer das Manna gegessen hat, ist gestorben, wer von diesem Leib ißt, wird die Vergebung der Sünden erhalten und wird niemals sterben".[12]

Ein Autor, der eine genaue Studie über den *Hl. Ambrosius von Mailand* gemacht hat, schließt: „Für den Hl. Ambrosius trägt die Eucharistie in sich selbst eine erlösende Kraft, die imstande ist, die Sünden zu vergeben. Sie wird zur Vergebung der Sünden dargeboten und jedes Mal, wenn wir den Leib und das Blut Christi empfangen, wird uns die Vergebung mitgeteilt."[13]

---

10 De Sacramentis, IV, 6, 28; SChr. 25, S. 87.
11 Ebda. V, 3, 17; SChr 25, S. 92.
12 Ebda. IV, 4, 24; SChr 25, S. 86.
13 R. Johanny: L'Eucharistie, centre de l'histoire du salut chez saint Ambroise de Milan, Paris 1968, 188; vgl. B. Studer: L'Eucaristia, remissione dei paccati secondo Ambrosio di Milano, en la obra Catechesi battesimale e riconciliazione nei Padri del IV secolo (a cura di S. Felici), Las-Roma 1984, S. 65—79.

Im Osten verbreitet *Theodor von Mopsuesta* (+ 428) die allgemeine Lehre, daß die Eucharistie die alltäglichen Sünden und Schwächen vergibt, aber dann nimmt er auch Bezug auf die großen Sünden, die der kanonischen Buße unterzogen werden sollten. Und auch von diesen behauptet er:

> „Ohne zu zögern werde ich sagen, daß, wer solche großen Sünden begangen hat, aber sich entschließt, dem Bösen zu entsagen und sich der Tugend hinzugeben nach den Geboten Christi, an seinem Mysterium teilhaben wird, in der Überzeugung, daß ihm alle seine Sünden vergeben werden".[14]

Zitieren wir schließlich einen Text des *Hl. Cyrill von Alexandrien* (+ 444):

> „Ich habe mich geprüft und für unwürdig erachtet. Wer so spricht, dem sage ich: Und wann werdet ihr würdig sein? Wann werdet ihr dann vor Christus hintreten? Und wenn eure Sünden euch daran hindern zu kommen, und wenn ihr nie aufhören werdet, zu fallen; wer kennt seine Sünden? sagt der Psalm; werdet ihr ohne die Heiligung bleiben, die für die Ewigkeit lebendig macht? Trefft also die Entscheidung, besser und ehrenhafter zu leben und nehmt dann teil an der Eulogie im Glauben, daß sie die Kraft hat, euch nicht nur vom Tod zu bewahren, sondern sogar von den Krankheiten".[15]

Wenn auch aus späterer Zeit, scheint uns auch dieses Zeugnis des Abtes Pimenus interessant, das ein syrisches Manuskript aus der Nationalbibliothek in Paris wiedergibt:

---

14 Vgl. Tonneau-Devreese: Les Homélies catéchétiques de Théodore de Mopsueste, Studi e Testi 145 (Città del Vaticano 1949), Hom-XVI, 34, S. 589.

15 In S. Joh. IV; PG 73, 584—585.

„Abt Pimenus sagte... *Die vor der Taufe begangenen* Sünden *werden durch die reinigende Taufe vergeben, wie es heißt: "Tut Buße und jeder von euch lasse sich taufen auf den Namen unseres Herrn Jesus Christus zur Vergebung der Sünden" (Apg 2, 38).*

Die nach der Taufe begangenen Sünden (werden vergeben) durch die heiligen Mysterien des Leibes und Blutes unseres Herrn: „Dies ist mein Leib und dies ist mein Blut, gebrochen und vergossen zur Vergebung der Sünden". Sie werden auf folgende Weise vergeben: wenn es sich um Sünden handelt, die die Hl. Schrift streng verurteilt und so große, daß der Hl. Paulus diejenigen, die sie begehen, vom Himmelreich auszustoßen befiehlt, diese Sünden werden vergeben, wenn man *nach einer Zeit (der Buße) in Sack und Asche,* nach den Gesetzen und Kanones, die den Sündern von den Oberen auferlegt wurden, *die Kommunion mit dem Herzen* voll Schmerz über seine Missetaten empfängt. Aber wenn man gegenüber den Brüdern einige Fehler begangen hat und eine *metanía* in aller Demut tut,[16] indem man reuevoll um Vergebung bittet, vergibt Gott sofort, denn er hat gesagt: „Geh und versöhne dich mit deinem Bruder" und „vergib, und dir wird vergeben werden".[17]

Hier unterscheidet der Autor drei Arten der Sündenvergebung: a) der vor der Taufe begangenen Sünden; b) der nach der Taufe begangenen schweren Sünden; c) der kleinen alltäglichen Sünden. Nur die zweite Kategorie kann Schwierigkeiten machen. Wenn es sich um jene Sünden handelt,

---

16 Lateinische, leicht abgeänderte Version des griechischen Wortes „metánoia", was Buße, Reue bedeutet, aber im Mittelalter unter der Bedeutung von Demutsakt, Kniefall, Hingabe ins Lateinische übertragen wurde. Vgl. A. Blaise, Dictionaire latin-français des auteurs du Moyen Age.

17 Kmosko: Liber graduum, Patr. Syr. III., S. II—III. Es scheint eine Einfügung eines mittelalterlichen Kopisten zu sein. Das ausführlichere Zitat ist zu finden in P. Sorci, op. cit. S. 278, not. 63.

die nach dem Hl. Paulus vom Himmelreich ausstoßen, muß man die kanonische Buße verrichten. Hier bezieht sich der Autor wahrscheinlich auf die klassische antike Buße. Aber das Interessante an diesem Text ist, daß er die wahre Vergebung und die wahre Versöhnung weder den Werken der Buße zuschreibt, noch der Absolution des Priesters, sondern daß sie „vergeben werden, wenn man die Kommunion empfängt", und zwar mit einem Herzen voll Schmerz über die begangenen Verfehlungen. Nicht den Bußritus unterstreicht der Autor, sondern den Empfang der Eucharistie, der er die Kraft zuschreibt, die Sünden zu vergeben und davon zu reinigen.

Beschließen wir diese Reihe von Zeugnissen mit zwei mittelalterlichen Autoren. *Gregor von Bergamo* (+ 1146) sagt ganz klar: „Durch dieses Sakrament, wenn wir es andächtig empfangen, erhalten wir ganz sicher die Vergebung der Sünden und vereinigen uns mit Christus, indem wir sein Fleisch essen und sein Blut trinken."[18]

Der Hl. Thomas wieder verhehlt nicht, daß nicht die Sündenvergebung erhält, wer die Eucharistie in Todsünde empfängt, weil es da ein Hindernis zum Empfang der Wirkung des Sakraments gibt. Aber das bedeutet nicht, daß er leugnet, daß die Eucharistie die Fähigkeit hat, alle Sünden zu löschen:

„Ich antworte und sage, daß die Wirkung dieses Sakraments auf zwei Arten betrachtet werden kann: Zuerst in sich selbst, und auf diese Weise hat das Sakrament die Kraft, alle Sünden durch das Leiden Christi, das die Quelle und die Ursache der Sündenvergebung ist, zu vergeben."[19]

Die andere Betrachtungsweise bezieht sich auf den, der es empfängt, der Hindernisse aufbauen kann, so daß die

---

18 Tractatus de veritate corporis Christi, cap. 20.
19 S. Theol. III, q. 79, a. 3.

sakramentale Wirkung bei ihm nicht eintritt. Eines kann eindeutig zum Ausdruck kommen: seit der Antike gibt es eine Theologie, die dem Empfang des Leibes und des Blutes Christi die Wirkung zuschreibt, alle Arten von Sünden zu vergeben. Bei den alten Autoren sind die des Sakramentenempfangs Unwürdigen nicht die gemeinen Sünder, sondern eher die, die keinen Glauben haben, die den Leib des Herrn nicht unterscheiden, weil sie dann ihr eigenes Gericht essen und trinken (vgl. 1 Kor 11, 29). Heute könnten wir die Sätze aus der *Expositio officiorum Ecclesiae* wiederholen, einem alten Buch der syrischen Kirche: „Einige haben nicht verstanden, daß die Kommunion den Sündern zur Vergebung der Sünden gegeben ist."[20]

3. Das Konzil von Trient

Wir leugnen nicht die Bedeutung der Lehre des Konzils von Trient, aber sie muß auch nicht als das letzte Wort betrachtet werden. Das Konzil dauerte 18 Jahre und behandelte die Eucharistie und die Buße in verschiedenen Sitzungen. Zwischen den Sitzungen Nr. XIII—XIV (1551) und der Sitzung Nummer XXII (1562) vergehen zehn Jahre: der Papst und mehrere Bischöfe und Theologen haben gewechselt: Die Probleme, die man in diesen Sitzungen zu lösen versuchte, waren auch verschieden, deshalb darf sich niemand wundern, daß es verschiedene Aspekte und Schattierungen zwischen den Texten desselben Konzils gibt.

In der XIII. Sitzung, Kap. 7 (DS 1647) spricht sich das Konzil ohne zu zögern für die Notwendigkeit der Beichte vor Empfang der Kommunion aus, wenn der Gläubige sich einer schweren Sünde bewußt ist:

> „Der in der Kirche übliche Brauch zeigt, daß diese Prüfung notwendig ist, damit jeder, wenn er sich einer Todsünde

---

20 CSCO, Script. syri, series II, tom. 92, trad. vol. II, S. 69—70.

bewußt ist, nicht zur heiligen Eucharistie kommt, so sehr er sich auch als reumütig betrachtet, ohne eine vorangehende sakramentale Beichte. Das heilige Konzil hat bestimmt, daß das alle Christen immer zu beachten haben, auch die Priester, die von Amts wegen zur (Meß)Feier verpflichtet sind, soweit es ihnen nicht an einem Beichtvater fehlt. Aber in dem Fall, daß der Priester aus dringender Notwendigkeit ohne vorhergehende Beichte (die Eucharistie) feiert, muß er so bald wie möglich beichten."

Diese so eindeutige und in den folgenden Jahrhunderten wiederholte Norm löst nicht alle Fälle. Es sind andere Texte des Konzils zu beachten, um die Gesamtheit der Lehre zu sehen. Zehn Jahre später behauptet es, gerade im Zusammenhang mit dem Meßopfer, in der XXII. Sitzung, Kap 2 (DS 1743):

Das heilige Konzil lehrt: „Dieses Opfer ist ein wirkliches Sühneopfer, und es bewirkt, daß wir ‚Barmherzigkeit erlangen und die Gnade finden zu rechtzeitiger Hilfe' (Hebr 4, 16), wenn wir mit geradem Herzen, mit rechtem Glauben, mit Scheu und Ehrfurcht, zerknirscht und bußfertig vor Gott hintreten. Versöhnt durch die Darbringung dieses Opfers, gibt der Herr die Gnade und die Gabe der Buße, und er vergibt die Vergehen und Sünden, mögen sie noch so schwer sein. Denn es ist ein und dieselbe Opfergabe, und es ist derselbe, der jetzt durch den Dienst der Priester opfert und der sich selbst damals am Kreuz darbrachte, nur die Art der Darbringung ist verschieden."

Auch diese Lehre ist in den jüngsten Dokumenten des kirchlichen Lehramts in Erinnerung gerufen und in den „Orientaciones doctrinales y pastorales" *(Richtlinien zur Lehre und Pastoral)* der spanischen Bischöfe beim Bußritual (Nr. 67, S 38—39) ausführlicher kommentiert worden. Die Bischöfe weisen darauf hin, daß die enge Beziehung zwischen Buße und Eucharistie nicht bedeutet, daß die sakramentale Beichte der Eucharistie vorangehen muß, außer man ist sich einer schweren Sünde bewußt. Zur Teilnahme an der Eucharistie wird vom Christen gefordert, daß er sich geistig im Glauben und in der Liebe eins weiß mit dem Herrn, der sich dem Vater hingibt (Bußritus Nr. 67, S. 39). Sogar in dem Fall, daß der Gläubige eine schwere Sünde begangen hat, kann er fruchtbar die Kommunion empfangen, wenn er ehrlich bereut und keinen Beichtvater findet und andererseits ein dringender geistlicher Grund besteht, an der Eucharistie teilzunehmen *(ebenda)*.

In diesen Kommentar mischen sich zwei verschiedene Fragen:

a) Die Feier der Eucharistie löscht alle Sünden aus, so groß sie auch sein mögen, wenn man in der richtigen Haltung daran teilnimmt. Das ist eine Lehraussage, die wir durch die liturgischen Zeugnisse und Texte der heiligen Kirchenväter bestätigt gefunden haben.

b) Die Kirche schreibt seit dem Konzil von Trient und auch schon vorher vor, daß die Gläubigen, die sich einer schweren Sünde bewußt sind, die sakramentale Absolution möglichst vor dem Empfang der Kommunion bekommen sollen.[21] Hier handelt es sich um eine Regel der Disziplin.

Um der größeren Klarheit willen wollen wir von den Ausnahmen — Fällen von großer Dringlichkeit, die Messe zu feiern oder die Kommunion zu empfangen — absehen, um uns auf die allgemeine Norm zu beschränken.

4. Wie kann man heute „die Buße" feiern?

Heute stellt sich leider die Frage in einem praktischeren, aber viel banaleren Zusammenhang. Anstatt tiefer in den Sinn der Versöhnungsfeier und den tieferen Sinn, den das

---

21 Wir beabsichtigen nicht, hier die ausführliche Gesetzgebung aus der Zeit vor Trient über die Verpflichtung, vor der Kommunion zu beichten, in Erinnerung zu bringen. Vgl. L-Braeckmans: Confession et communion au moyen age et au Concile de Trente. Duculot 1971; J. L. Larrabe; Reconciliación y penitencia en la misión de la Iglesia, Madrid 1983, S. 217—233.

Bekenntnis als echter Ausdruck einer Bekehrung erhalten kann, einzudringen, sorgen sich die Priester und Gläubigen heute um folgendes Problem: *Kann man nach einem Akt der Reue kommunizieren, bevor man beichtet, wenn man sich einer schweren Sünde bewußt ist?* Man sucht eine klare Antwort ohne Zweideutigkeiten.

Auf diese Frage gibt es eine sehr einfache Antwort:

a) Aus der Sicht der Normen ist die Antwort eindeutig:

α) Als *allgemeine Regel* gilt, daß es notwendig ist, die sakramentale Absolution zu bekommen, bevor man kommuniziert, wenn man sich einer schweren Sünde bewußt ist. Es genügt nicht, einen Akt vollkommener Reue zu setzen. Die Versöhnung mit Gott und mit der Kirche fordert die sakramentale Beichte.

β) Als *Ausnahme*, wenn dringende Notwendigkeit zu kommunizieren oder die Messe zu feiern besteht, und es nicht leicht möglich ist, einen Beichtvater zu finden, kann der Priester oder Gläubige feiern oder kommunizieren, indem er einen Akt vollkommener Reue setzt, und wenn er bereit ist, nachher eine sakramentale Beichte abzulegen, wenn er Gelegenheit dazu hat. Die Fälle großer und dringender Notwendigkeit werden vom Gesetz nicht einzeln aufgezählt.

b) Diese von den Normen der Disziplin her so einfache Antwort ist theologisch nicht befriedigend. Gehen wir schrittweise vor:

Die kirchlichen Normen sind ganz klar und konkret. Seit der Zeit vor dem IV. Laterankonzil (1215) und vor dem Konzil von Trient (1545—1563) bestand schon diese Norm, daß der Gläubige, der sich einer schweren Sünde bewußt ist, das Bußsakrament vor der Kommunion empfangen soll. Erinnern wir uns nur an einige Bestimmungen seit dem Konzil von Trient.

α) Sitzung XIII Kap. 7 (DS 1647); Kanon 11 (DS 1661).

β) Kirchengesetzbuch (von Benedikt XV., 1918) K. 856: „Wer sich einer schweren Sünde bewußt ist, darf nicht zur Hl. Kommunion gehen, ohne vorher eine sakramentale Beichte abgelegt zu haben, so sehr er reumütig zu sein glaubt; im Falle dringender Notwendigkeit, wenn er keinen Beichtvater hat, setze er vorher einen Akt vollkommener Reue".

Das bezieht sich auf die Gläubigen. Für die Priester gibt es einen sehr ähnlichen Kanon (K 807), aber er wird darauf aufmerksam gemacht, daß er „so bald wie möglich" beichten soll. Es handelt sich um Sätze, die fast wörtlich von dem Text des Trienter Konzils abgeschrieben sind.

γ) Neues Kirchenrecht (von Johannes Paul II., 1983), K. 916:

„Wer sich einer schweren Sünde bewußt ist, darf ohne vorherige sakramentale Beichte die Messe nicht feiern und nicht den Leib des Herrn empfangen, außer es liegt ein schwerwiegender Grund vor und es besteht keine Gelegenheit zur Beichte; in diesem Fall muß er sich der Verpflichtung bewußt sein, einen Akt der vollkommenen Reue zu erwecken, der den Vorsatz miteinschließt, sobald wie möglich zu beichten."

Dieser Kanon gilt für Priester und Gläubige und präzisiert für beide, nicht nur für die Priester, daß sie *so bald wie möglich* beichten sollen. Diese Normen werden neben der Erklärung der Theologen in vielen Dokumenten des kirchlichen Lehramts bis heute wiederholt, deshalb halten wir es nicht für nötig, sie besonders zu zitieren. Erinnern wir uns nur an das, was das Apostolische Schreiben „Reconciliatio et Paenitentia" in der Nr. 27 sagt:

„Es ist jedoch notwendig, daran zu erinnern, daß die Kirche, geführt vom Glauben an das hohe Sakrament, lehrt, daß kein Christ, der sich einer schweren Sünde bewußt ist, die Eucharistie empfangen kann, bevor er von Gott

Vergebung erlangt hat ... Dem, der kommunizieren will, ist das Gebot in Erinnerung zu bringen: *Der Mensch prüfe sich selbst* (1 Kor 11, 28). Und der kirchliche Brauch zeigt, daß eine solche Prüfung notwendig ist, damit niemand, der sich einer schweren Sünde bewußt ist, mag er auch Reue empfinden, zur heiligen Eucharistie kommt, ohne vorher die sakramentale Beichte abzulegen."

Zitiert wird das „Eucharisticum Mysterium" von Paul VI., AAS 59 (1967) 560, aber eigentlich ist der Text eine Kopie der Bestimmungen des Konzils von Trient. Über die allgemeine Regel in der Kirche kann es keinen Zweifel geben.

Bleiben die *Sonderfälle* der schwerwiegenden Gründe oder dringenden Notwendigkeit, die in diesen Normen nicht vollständig aufgezählt werden. Der einfachste Fall ist der, daß der Priester, der nicht ohne Skandal und ohne Schaden für seine Gläubigen, die Meßfeier unterlassen kann. Bezüglich der übrigen Christen spricht man von schwerwiegenden oder zwingenden Gründen zu kommunizieren, um nicht für lange Zeit ohne eigene Schuld von der Kommunion ausgeschlossen zu sein. Das kann in Missionsgebieten der Fall sein und auch in unseren Ländern der ersten Welt. Es kann der Fall eintreten, daß ein Gläubiger, der auf Grund des Priestermangels keine Gelegenheit hat zu beichten, lange Zeit die Kommunion nicht empfangen könnte, wenn er diese Anwesenheit des Priesters nicht nützt. Wenn wir uns nur auf die Kommunion beziehen und nicht auf das Bußsakrament, wäre das ein sehr seltener Fall, weil auch Laien die Kommunion austeilen können. Und doch gibt es Fälle, in denen die Kommunion sehr angebracht und notwendig scheint, und man sie nicht empfangen könnte, weil man keine Gelegenheit gehabt hat, zu beichten: nehmen wir zum Beispiel die Erstkommunion eines Sohnes oder einer Tochter, Hochzeiten, ein großes Familienfest, eine Priesterweihe, eine Nonne, die im Orden lebt und nicht Gelegenheit zur sakramentalen Beichte gehabt hat. In allen diesen und ähnlichen Fällen erlaubt die Kirche, ohne vorherige Beichte zur Kommunion zu gehen, aber in dem Vorsatz und mit der Verpflichtung, später zum geeigneten Zeitpunkt zu beichten. Leider sagt das neue Gesetzbuch im vorher zitierten Kanon 916, daß man es „so bald wie möglich" tun soll, obwohl „zum geeigneten Zeitpunkt" genügt hätte, wie es im Kanon 962 über die heißt, die die Generalabsolution ihrer Sünden bekommen haben. *Die Richtlinien* der Pastoral-Instruktion der spanischen Bischöfe fügen auch in der Anmerkung 177 der Nr. 70, wenn auch in einem recht verständnisvollen und großzügigen Ton, hinzu:

„Was die Verpflichtung zur Beichte „quamprimum" angeht, scheinen die Normen der klassischen Morallehre — die im besonderen den Fall der Priester, die die Messe feiern mußten, in Betracht zog — heute in Anbetracht der größeren Sensibilität bezüglich der *vollen Teilnahme* an der Eucharistie in der eucharistischen Communio auf die Laien anwendbar" (S. 108).

Es gibt also keine Schwierigkeit bezüglich der geltenden Normen. Aber es bleibt eine andere Frage. Stehen diese Normen ganz im Einklang mit der Theologie? Persönlich glaube ich nicht. Es sei jedoch hinzugefügt, daß die alten Schriftsteller, die streng vorgingen, wenn sie die Verpflichtung zur Beichte vor der Kommunion vorschrieben, weitgehend verständnisvoll und großzügig mit diesen Ausnahmen waren. Es ist zum Beispiel davon die Rede, daß es ein genügender Grund ist, wenn man keinen geeigneten Beichtvater findet, zu dem man Vertrauen hat[22], oder an einem Festtag den starken Wunsch nach der Kommunion verspürt, ohne daß man Gelegenheit zur Beichte hat. Der heilige Thomas gesteht sogar zu, daß eine Eingebung Gottes, die zur Kommunion einlädt, Grund genug wäre, ohne sakra-

---

22 Vgl. Ricardo de Mediavilla, in IV Sent. (Lyon 1527) f. 114.

mentale Beichte zur Kommunion zu gehen, wenn man reumütig ist und keine Gelegenheit zu beichten hat.[23] Wie man sieht, sind die Anwendungen sehr weitläufig.

c) Was sagt die Theologie?

Wie es in der Geschichte des Bußsakraments oft geschehen ist, konnten die kanonischen Gesetze die echten Probleme nicht lösen. Und etwas Ähnliches geschieht in dieser Frage: die Normen sind deutlich und umfassend, aber sie gehen aus von der Annahme, daß es nur zwei Arten von Sünden gibt: *die Todsünden und die läßlichen.* Diese Unterscheidung ist unvollständig und ungenügend. Es gibt einen so großen Unterschied in der Sache und in der Schwere der verschiedenen Todsünden, so daß es nicht möglich ist, alle unter eine gemeinsame Bezeichnung zu bringen, was ihre Folgen betrifft, und konkret in der Frage, ob man nach einem Akt aufrichtiger Reue kommunizieren kann oder nicht, nachdem man eine Todsünde begangen hat. Ich glaube, man muß zumindest drei Kategorien von Sünden unterscheiden, um eine realistische und vernünftige Lösung anzubieten.

Es ist nicht meine Sache — noch habe ich die Voraussetzungen dazu — die Veränderungen und Merkmale der neuen christlichen Moral aufzuzeigen, die keine Moral des Gesetzes und der Sünde, sondern eine Moral der Liebe, der Nachfolge Christi und der evangelischen Werte ist. Das alles setzt natürlich voraus und fordert eine neue Vorstellung von der Sünde sowohl von der Ethik her als auch, was die religiösen und transzendenten Aspekte betrifft. Ich möchte nur auf die drei Stufen hinweisen, die man beim menschlichen Handeln als Voraussetzung für die Einteilung der Sünden in drei Arten zu unterscheiden pflegt:

1) Die Grundentscheidung: das ist die tiefe und bleibende Ausrichtung, die der Mensch frei angenommen hat und die seinem Handeln Sinn gibt. Sie betrifft den tiefsten Kern

---

23 Vgl. Braeckmans, op. cit. S. 49

einer Person und verpflichtet sie auf einen bestimmten Lebenssinn, der bis zu einem gewissen Grad endgültig ist.[24]

2) Die Einstellung: sie kommt aus der Grundentscheidung und richtet sich nach einem bestimmten Wert: Treue, Liebe, Gerechtigkeit, Freundschaft, Nächstenliebe.

3) Die Handlung: sie ist Ergebnis oder Ausdruck der Einstellung in einem bestimmten Augenblick. Sie kann die allgemeine Haltung bekräftigen oder ihr zuwiderlaufen, was zur Sünde führt, wenn die Grundeinstellung gut war.

Nach diesen Prinzipien unterscheiden wir drei Arten von Sünden:

1) Die Todsünden. Das sind jene, die unsere Grundentscheidung für Gott und die Brüder und Schwestern zerstören. Es sind Handlungen, die einen Zustand der Sünde voraussetzen, in dem man sich von Gott und den moralischen und ethischen Gesetzen abwendet. „Die Todsünde ist ein Abweisen Gottes oder der Liebe; sie bedeutet, das abzulehnen, was der Glaube, die Hoffnung und die Liebe von uns fordert; als höchstes Prinzip unseres Lebens nicht Gott und die Liebe setzen, sondern unseren Egoismus, uns selbst über alles".[25]

2) Schwere Sünden. Andere nennen sie „Sünden der Schwäche".[26] Das sind jene, die einge gute Einstellung

---

24 Vgl. Fidel Herráez: La opción fundamental (Die Grundentscheidung), Salamanca 1978.

25 Vgl. D. Borobio: Es necesario confesarse... ¿todavía? (Ist es — noch — notwendig zu beichten?), Bilbao 1971, S. 39; ders.: El sacramento de la reconciliación, Bilbao 1975, S. 23—25; L-Bertsch: Buße und Bußsakrament in der heutigen Kirche, Mainz 1970, S. 26—28.

26 Im vorhin zitierten Buch „El sacramento de la reconciliación", S. 24, macht D. Borobio darauf aufmerksam, daß er in diesem Büchlein vorzugsweise von „Sünden der Schwäche" gesprochen hat, damit die „schweren Sünden" nicht mit den „Todsünden" verwechselt werden, weil die offiziellen Dokumente sie gleichsetzen.

stark beeinträchtigen und zugleich drohen, die Grundentscheidung zu verändern oder zu zerstören, ohne sie aber wirklich zu zerstören. Diese Sünden verletzen ernstlich unsere Grundentscheidung, und deshalb fordern sie von uns eine Abkehr und echte Bekehrung.

Oft sind sie nur eine Inkonsequenz im Hinblick auf unsere Grundentscheidung zugunsten Gottes und der Brüder, oder ein Nachgeben in einem Augenblick der Leidenschaft oder Schwäche, das aber nicht bedeutet, daß man Gott oder die Liebe als Grundentscheidung seines Lebens ablehnt.

3) *Leichte Sünden.* Das sind jene Handlungen, die die Grundentscheidung unseres Lebens nicht ernstlich verändern oder beeinträchtigen können. Sie verringern in uns die Liebe, aber sie zerbrechen nicht unsere Beziehungen zu Gott und der Kirche.

Wenn wir diese Prinzipien beachten, ist die Frage, ob man ohne Beichte zur Kommunion gehen kann, viel einfacher:

1) Es ist offensichtlich, daß derjenige, der eine *Todsünde* hat, nicht an der Eucharistie teilnehmen kann, wenn er sich nicht zuerst bekehrt und sakramental versöhnt. Solche Sünden sind mit der Kommunion unvereinbar.

2) Wer *schwere Sünden* begangen hat, die Ausdruck von Schwäche oder in einem Augenblick der Verwirrung entstanden sind, aber ehrlich bereut, kann zur Kommunion gehen, bevor er die sakramentale Absolution bekommt. Es schmerzt ihn, einen Fehler begangen zu haben, und er bittet Gott oder den Bruder, den er verletzt hat, um Verzeihung. Seine Haltung ist Liebe und nicht Haß, Communio und nicht Bruch mit der Gemeinschaft. Er hat die notwendigen Voraussetzungen, um an der Eucharistie teilzunehmen.

3) *Leichte Sünden.* Diese Sünden machen keine Probleme im Hinblick auf die Kommunion, weil wir wissen, daß

sie auf viele Arten vergeben werden und keine Verpflichtung besteht, sie zu beichten.

Diese *dreifache Unterscheidung* ist einfach und macht den Leuten keine Probleme, wie manche sagen, sondern löst sie vor allem für fromme und ängstliche Menschen, die sich meistens solche Fragen stellen. Es ist nicht die beste Lösung zu behaupten, daß ein Christ selten eine „Todsünde" begeht, und den größten Teil der Sünden auf „läßliche" zu reduzieren, wenn man nur zwei Arten unterscheidet. Es gibt an sich „schwere" Sünden, die aber aus Schwäche geschehen, durch die Gelegenheit, die Schwäche der menschlichen Natur. Wer sie begangen hat, bereut unmittelbar danach, will nicht mit Gott und der Kirche brechen, ist fest entschlossen, sie in Hinkunft so gut er kann zu meiden. Dieser Mensch besitzt die nötigen Voraussetzungen, um voll an der Eucharistie teilzuhaben. Aber jedermann versteht, daß man diese Norm nicht auf sehr schwere Sünden anwenden kann, die öffentlich Ärgernis erregen, solange der Sünder kein Zeichen der Bekehrung gibt und sich nicht im Sakrament versöhnt, zum Beispiel Konkubinat, Ehebruch, Mord, Leugnung des Glaubens, Vergewaltigung, öffentliches Ärgernis.

Viele hatten Skrupel zu kommunizieren, weil sie glaubten, daß sie nicht schnell genug einen schlechten Gedanken verworfen hatten. Man könnte in dem Fall sagen, daß es keine schwere Sünde war. Aber man könnte auch sagen: selbst wenn deine Sünde schwer gewesen wäre, war sie eine Schwäche, die deine Einstellung gegenüber Gott und den Brüdern nicht verändert hat. Wenn du wirklich bereust und in Zukunft jede Sünde und die Gelegenheit dazu meiden willst, kannst du ruhig kommunizieren. Es genügt, daß du es bei der nächsten Beichte sagst, wenn du glaubst, daß es schlimm ist. Heute ist das Problem nicht so akut wie vor Jahren, und vielleicht ist man zu leichtfertig beim Kommunizieren ohne vorherige Beichte. Aber das Mittel dagegen ist nicht, strengere Regeln aufzustellen, sondern bilden und erziehen. Der Unterschied zwischen *Todsünden und schweren oder Sünden der Schwäche* kann helfen, Schwierigkeiten zu überwinden, vorausgesetzt, der Sünder bereut wirklich.

IV

Versöhnung

> Die verschiedenen sakramentalen Formen,
> Versöhnung zu feiern

Das heutige Bußritual hat drei sakramentale Formen, um Vergebung zu finden und Buße zu feiern. Vergessen wir nicht, daß es auch andere außersakramentale Mittel gibt, die auch die Sündenvergebung gewähren und außerdem noch andere Sakramente der Versöhnung existieren, wie die Taufe, die Eucharistie und die Krankensalbung. Aber hier behandeln wir nur das Bußsakrament.

Es gibt drei offizielle Formen:

Form A: Ritus zur Versöhnung eines einzelnen Pönitenten.

Form B: Ritus zur Versöhnung mehrerer Pönitenten mit Einzelbeichte und Einzelabsolution.

Form C: Ritus zur Versöhnung vieler Pönitenten mit allgemeinem Bekenntnis und Generalabsolution.

Um der Kürze willen werden wir sie hier meist nur *Form A, B oder C* nennen, ohne ihren Inhalt auszuführen.

Form A: Versöhnung eines einzelnen Pönitenten

1. Nicht ausgenützte Möglichkeiten dieses Ritus

Das ist die traditionelle Form, die in den letzten Jahrhunderten galt, und sie erscheint mit beachtlichen Veränderungen auch im neuen Ritual, wenn auch viel weniger verändert in der täglichen Praxis. Diese Form bietet viele Möglichkeiten, die noch nicht entsprechend genutzt worden sind. Aber man muß realistisch sein: so wie sie im neuen Ritual dargestellt wird, kann man sie selten in allen Einzelheiten durchführen. Das ist nur möglich, wenn es sich um einen Pönitenten handelt, der den rechten Zeitpunkt und Ort für eine ruhige Beichte in einem Zimmer oder einer Zelle sucht. Der Beichtstuhl ist für diesen Ritus ungeeignet. Und doch schreibt das neue Gesetzbuch den Beichtstuhl wieder als den richtigen Ort für die Beichte vor (Kanon 964, 2 und 3).

Wenn man den ganzen Ritus dieser Form A einhält, beinhaltet er folgende Handlungen:

a) *Aufnahme.* Der Priester begrüßt den Beichtenden liebenswürdig und nimmt ihn in Güte auf. Es ist notwendig, von Anfang an ein Klima des Vertrauens zu schaffen, ohne den religiösen Sinn der Handlungen aus den Augen zu verlieren. Der Gläubige — und wenn es angebracht scheint, auch der Priester — beginnt mit dem Zeichen des Kreuzes und sagt: „Im Namen des Vaters, des Sohnes und des Hl. Geistes. Amen". Dann lädt ihn der Priester ein, auf Gott sein Vertrauen zu setzten und bittet den Herrn, daß er dem Büßer Erkenntnis seiner Sünden, echte Reue und die nötige Gnade verleihe, um eine gute Beichte abzulegen, worauf der Gläubige antworten soll: Amen. Für dieses einleitende Gebet kann man verschiedene Formeln verwenden. Es ist auch angebracht, daß beide zusammen um diese Gnade und Gott um Barmherzigkeit bitten.

b) *Verkündigung des Wortes.* Nach diesem ersten Kontakt liest man oder zitiert aus dem Gedächtnis einen Text aus der Schrift. Es kann ein kurzer Satz sein wie: „Gott will nicht den Tod des Sünders, sondern daß er sich bekehrt und lebt" (vgl. Ez 18, 23); „Laßt uns voll Zuversicht hingehen zum Thron der Gnade, damit wir Erbarmen und

Gnade finden und so Hilfe erlangen zur rechten Zeit" (Hebr 4, 16). Das Ritenbuch schlägt in den Nummern (85—86) und (157—159) eine große Fülle an verschiedenen Texten vor.

Häufig läßt man diese Verkündigung des Wortes bei der Privatbeichte aus, und mit gutem Grund. Wenn man einen Bibeltext langsam, in einer Atmosphäre des Gebets und der Betrachtung liest, ist das etwas Wunderbares. Aber Bibelverse zitieren, die der Beichtende kaum hört, hat nicht die gewünschte Wirkung. Das Wort Gottes ist keine Zauberei, daß es genügt, eine Formel zu sprechen, und das Herz des Menschen verändert sich. Das Wort Gottes fordert das Mittun des Menschen und die entsprechende Bereitschaft, damit es Frucht bringt. Ein schnelles Zitieren eines Textes bewegt gewöhnlich nicht die Herzen.

c) *Sündenbekenntnis.* Nach dieser Vorbereitung beginnt das Bekenntnis der Sünden. Es soll sich nie auf das Aufzählen der Fehler beschränken. Es muß ein Akt des Glaubens und des demütigen Bekennens sein, ein Ausdruck innerer Reue.

In manchen Ländern beginnt der Pönitent mit dem Gebet „Ich bekenne..." und dann klagt er sich der Sünden an. Manche, und besonders die, die nur einmal im Jahr beichten gehen, sagen nur „Fragen Sie mich, Pater". Der Priester soll versuchen, auch diesen Gläubigen, die mit gutem Willen kommen, zu helfen, aber es ist vorzuziehen, daß der Gläubige den Anfang macht. Wenn Hilfe oder Fragen vom Beichtvater notwendig sind, soll er den Eindruck vermeiden, daß es sich um ein Verhör handelt oder daß man sein Privatleben ausforschen will. Es ist besser, ihn zu einem ehrlichen, spontanen Bekenntnis zu bewegen und in ihm Vertrauen in die Barmherzigkeit Gottes, Reue über alle begangenen Sünden und den ehrlichen Vorsatz, sie zu vermeiden, zu wecken. Der Beichtvater kann den Beichtenden auch dazu anleiten, vor allem die sündhaften

Haltungen und Situationen seines Lebens zu beachten, anstatt die Aufmerksamkeit vor allem auf die Kirchengebote zu richten: ich habe am Freitag Fleisch gegessen, ich habe die Sonntagsmesse versäumt ...

d) *Sühne oder Buße.* Dem Sündenbekenntnis folgt normalerweise eine kurze Ermahnung des Priesters und die Ratschläge, die er für angebracht hält. In jedem Fall soll er sich verständnisvoll, herzlich und liebenswürdig zeigen. Daß man die Sünde ablehnt bedeutet nicht, den reuigen Sünder abzulehnen. Viele Beichtväter haben den Beichtkindern durch mangelnde Liebenswürdigkeit großen Schaden zugefügt.

Im Volksmund nennt man das Werk der *Sühne,* das der Beichtvater verlangt, immer noch „Buße". Das ist einer der Teile, die heute in der Praxis am meisten vernachlässigt werden. Das Bußritual rät zu einem kurzen Dialog über die Buße, die man auferlegen soll. Im allgemeinen tut man das nicht und, es ist nicht der Mühe wert, außer bei häufigen Beichten und bei Personen, die die Ursachen der Sünde ausmerzen wollen. Man muß immer die persönliche Situation des Beichtenden in Betracht ziehen: Alter, Stand, Beruf, engagierter Christ oder jemand, der nur einmal im Jahr zur Beichte kommt.

e) *Gebet des Beichtenden.* Dann lädt der Priester den Beichtenden ein, seine Reue durch ein Gebet oder etwas Ähnliches kundzutun. Das Ritenbuch macht verschiedene Vorschläge (Nr. 95–101). In jedem Fall kann man zum traditionellen Reueakt raten: „Mein Herr, Jesus Christus, ... " Das ist der richtige Augenblick zu dem Gebet, und nicht während der Priester die Absolution gibt.

f) *Auflegung der Hände und Absolution.* Um die Absolution zu geben, breitet der Priester über dem Kopf des Beichtenden die Hände aus, wenn die Örtlichkeit es erlaubt, oder zumindest die rechte Hand. Die körperliche Berührung ist nicht notwendig, aber sie ist eine biblische Geste des Segens, die man wieder einführen sollte. Während der Absolution soll der Gläubige still und gesammelt das Wort der Vergebung aufnehmen und am Ende mit Amen antworten. Der Brauch, während der Absolution den Reueakt zu verrichten, ist auszumerzen.

g) *Danksagung und Verabschiedung.* Niemals soll ein Wort des Dankes an den Herrn fehlen, „denn er ist gut, denn ewig ist sein Erbarmen". Eine gute Beichte ist ein Akt der Befreiung, der freudig und dankbar stimmt. Wir sollten das spüren und in einem Gebet oder Anruf des Herrn ausdrücken.

Die Worte der Verabschiedung können die aus dem Ritenbuch sein: „Der Herr hat dir deine Sünden vergeben. Geh hin in Frieden", aber man kann andere geläufigere hinzufügen, je nach den Umständen.

Die Frage, die sich jeder Priester angesichts dieser kurzen Schilderung des Ritus stellen kann, ist folgende: Wird das alles bei den Einzelbeichten so gemacht? Man muß ehrlich antworten, daß es für gewöhnlich nicht so gemacht wird. Deshalb haben wir eingangs gesagt, daß viele Möglichkeiten, die die Bußordnung heute bietet, noch nicht ausgeschöpft sind. Ich will hier nicht auf unzulässige Mißbräuche hinweisen, aber eines scheint offensichtlich: den ganzen Ritus kann man nicht entsprechend einhalten, wenn es festgesetzte Zeiten im Beichtstuhl gibt, und andere auf die Beichte warten. Aber diese nicht sehr befriedigende Realität soll uns nicht daran hindern, die großen positiven Werte dieser Form der Feier zu sehen.

2. *Vorzüge der persönlichen Privatbeichte*

a) Jeder weiß, daß das II. Vatikanische Konzil vor allem auf den gesellschaftlichen, kirchlichen und gemeinschaftlichen Aspekten, die die Feier der Buße haben sollte, bestanden und die Gemeinschaftsfeiern und die aktive Teilnahme der Gläubigen wärmstens empfohlen hat, um den übermäßigen Individualismus zu korrigieren, der Jahrhunderte hindurch für den Empfang des Bußsakraments charakteristisch war (vgl. SC 27; 72; 109—110; LG 11).

b) Das hindert uns nicht daran, anzuerkennen, daß jede Form der Feier ihre eigenen Vorzüge und ihre Daseinsberechtigung hat. Es hieße, die vielfältigen Möglichkeiten der Mittel zur Heiligung schmälern, die die Kirche uns anbietet und den Gläubigen beträchtlichen Schaden zufügen, wollte man sich auf eine einzige Form der Feier beschränken. Persönlich glaube ich, daß der Ritus der Versöhnung eines einzelnen Gläubigen unverzichtbar ist und — mit den möglichen Verbesserungen — in der Kirche fortbestehen sollte, zum Wohl der Christen, die ihn wünschen und brauchen. Und man kann ihnen dieses Mittel zur Heiligung nicht verweigern oder erschweren, das im Laufe der Geschichte der Kirche so vielen geholfen hat.

c) Wenn jemand sich von der Wertschätzung überzeugen will, die wir der Privatbeichte entgegengebracht und in Wort und Schrift ausgedrückt haben, möge er das Kapital IX. unseres Werks „El Sacramento de la reconciliación" mit dem Titel *„La confesión frecuente por devoción"* S. 301—315, lesen. Wir wollen nicht die Argumente wiederholen, die wir dort und in anderen Schriften zugunsten der Privatbeichte vorgebracht haben.

d) Aber heute wie damals drücken wir unsere Überzeugung aus, daß diese Form der „Beichte" *weder die einzige noch die beste ist,* das Sakrament der Buße zu empfangen, weil man bei manchen die Tendenz merkt, die Feier der Buße auf die Privatbeichte zu beschränken und diese das einzige ist, was sie empfehlen. Das heißt, sich der Lehre des II. Vatikanums entgegenstellen und den Gläubigen schwer schaden.

e) Wenn man die Lobsprüche der mittelalterlichen und neuzeitlichen Theologen auf die „Beichte" liest, ist nicht zu vergessen, daß sie von der Privatbeichte sprachen, der einzigen Form der sakramentalen Versöhnung, die sie kannten. Und es gibt dazu wertvolle Texte der Hl. Thomas und Bonaventura bis Luther und dem Hl. Alfons von Liguori oder P. Faber und Pius XII. Das alles muß man in Betracht ziehen, um nicht leichthin eine Form des Sakramentenempfangs und ein Mittel zur Heiligung zu verwerfen oder herabzumindern, das auf Jahrhunderte fruchtbarer Erfahrung in der Kirche zurückblickt.

f) Wie der Papst im Schreiben „Reconciliatio et Paenitentia" sagt, erlaubt diese Form es, den eigentlichen persönlichen und wesentlichen Aspekten der Buße mehr Bedeutung zuzumessen. Der Dialog zwischen dem Beichtenden und dem Beichtvater, die Gesamtheit der einzusetzenden Elemente (biblische Texte, persönliches Gebet, die gewählte Form der „Buße" etc.) sind Faktoren, die aus dieser Art der sakramentalen Feier die geeignetste für die konkrete Situation des Beichtenden machen (Nr. 32).

g) Die Funktionen des Richters, Vaters, Arztes und Lehrers, die der Priester als Spender des Sakraments ausübt, werden am vollkommensten und in der konkretesten Form bei der Privatbeichte des einzelnen ausgeübt. Wenn die Bekehrung — wie die Sünde — ein persönlicher Akt ist, der das Innerste des Menschen berührt, sind die Zeichen der Bekehrung, das vertrauensvolle Gespräch mit dem Priester, der Ansporn, den man vom Priester zur Überwindung der Sünde bekommen kann, die Unterweisung über das weitere Vorgehen, der Impuls, um auf dem Weg der Tugend fortzufahren, Werte von großer Bedeutung, die in der in Ruhe abgelegten Einzelbeichte mehr Platz haben als in den Gemeinschaftsfeiern.

h) Die Einzelbeichte hat auch den Wert des *Zeichens* der Begegnung des Sünders mit der Mittlerschaft der Kirche in der Person des Geistlichen. Diese Mittlerschaft der Kirche zeigt sich besser in den anderen Feiern, aber man muß unterstreichen, daß sie auch bei der Privatbeichte nicht fehlt. Vor dem Beichtvater bekennt der Beichtende sich als Sünder vor der Kirche und bekennt demütig seine Sünden. Diese Geste ist sicher ein echtes Zeichen aufrichtiger Bekehrung. „Es ist eine liturgische Geste, feierlich und erschütternd, demütig und nüchtern in der Größe ihrer Bedeutung. Es ist die Geste des verlorenen Sohnes, der zu seinem Vater zurückkehrt und von ihm mit dem Friedenskuß aufgenommen wird; eine Geste der Ergebenheit und des Mutes, der Selbsthingabe über die Sünde hinweg an die Barmherzigkeit Gottes, der vergibt. So versteht man, warum das *Sündenbekenntnis* normalerweise einzeln und nicht in der Gemeinschaft abgelegt werden soll, da die Sünde etwas zutiefst Persönliches ist *(Reconciliato et Paenitentia,* Nr. 31, S. 104).

Aus diesen und anderen Gründen denke ich, daß die Einzelbeichte, wenn sie gut durchgeführt wird, notwendig und unersetzlich für viele Menschen und bei verschiedenen Gelegenheiten ist. Deshalb kann und soll sie in der Kirche nicht abgeschafft werden.

Form B: Versöhnung mehrerer Pönitenten mit Einzelbeichte und Einzelabsolution

Diese Form der Feier ist unter den Gemeinschaftsfeiern aus mehreren Gründen die häufigste:

1. Weil es die einzige durch die geltende Gesetzgebung für den Normalfall erlaubte sakramentale Form ist.

2. Weil die Gläubigen, die an einer Gemeinschaftsfeier teilnehmen, im allgemeinen das Sakrament empfangen wollen. Ein nicht sakramentaler Wortgottesdienst zieht sie weniger an.

Diese *Form B* ist so etwas wie eine Synthese der beiden anderen: einerseits hat sie Anteil am Gemeinschaftlichen der Feier im größten Teil ihrer Elemente (Vorbereitung, Anhören des Wortes, Predigt, Gewissenserforschung, Danksagung), aber andererseits werden das Bekenntnis und die Absolution wesentlich *persönlicher.*

So wird der persönliche Dialog und ein tieferes Engagement möglich.

Persönlich glaube ich, daß das eine Übergangsregelung ist, da die Form C nicht zugelassen wurde. Liturgisch scheint uns die Form B wenig einheitlich: die Gemeinschaftsfeier wird für die Einzelbeichten unterbrochen, und dann wird die Handlung mit einem wenig bedeutenden gemeinsamen Schlußakt wieder aufgenommen. Bevor das neue Rituale herauskam, war es üblich, daß alle Priester gemeinsam die Absolution gaben, nachdem die Beichten abgelegt waren. Dadurch gewann man etwas Zeit für eine ruhige Beichte und man unterstrich mehr die Absolution. Das Rituale schreibt Bekenntnis und Absolution einzeln vor (Rit. Nr. 28).

Diese Form hat vor allem drei *Nachteile:*

1. Die Unterbrechung der Gemeinschaftsfeier, um gerade bei zwei wichtigen Momenten des Sakraments zur Handlung der Einzelpersonen überzugehen: beim Bekenntnis der Sünden und der Absolution.

2. Die Schwierigkeit, die viele Pfarren darin finden, genügend Priester für diese Art der Feier aufzutreiben. Die Tatsache, daß sie meistens zu den Höhepunkten des Kirchenjahres und den großen Festen stattfindet, kann diese Schwierigkeit teilweise mindern.

3. Die Kürze, die sich beim Sündenbekenntnis und der persönlichen Ermahnung aufdrängt, vor allem wenn es viele Beichtende und wenige Priester sind. Es schien mir immer ein ziemlicher Nachteil, vor allem bei Jugendgruppen, daß sie von ihren Plätzen aufstehen mußten, um schnell zu beichten und dann zu ihren Bänken zurückzukehren und zu warten, bis alle mit der Beichte fertig waren. Das macht den Eindruck, daß es das Wichtigste ist, dem Beichtvater die Sünden zu sagen und die Absolution zu bekommen, und daß alles andere zweitrangig ist. Anderer-

seits kann man in diesen Fällen kein langes Bekenntnis mit Gesprächen über die gesamte Lebenssituation, mit Problemen und Zweifeln über das eigene Verhalten und auch keine ausführliche Ermahnung zulassen, denn das würde die Feier zu sehr verlängern und Ungeduld und Zerstreuung bei denen hervorrufen, die schon fertig sind und warten, daß die anderen beichten.

Auf Grund dieser Nachteile ist mancherorts spontan eine andere erlaubte Form entstanden, die nicht im Ritenbuch zu finden ist: gemeinsame Vorbereitung: Eingangslied, Begrüßung, Gebet, Bibellesung, Predigt, Gewissenserforschung, Reueakt und Fürbitten; und dann setzt man fort wie bei der Einzelbeichte, ohne auf gemeinsame Danksagung und Verabschiedung zu warten: die Einzelbeichten beginnen nach der vorgesehenen Ordnung, die anderen gehen weg und kommen zurück, wenn die ersten fertig sind. Das kann für große Schülergruppen nützlich sein. Aber besser und ersprießlicher wäre es, die Absolution gemeinsam zu erteilen und mit der Danksagung und Verabschiedung fortzufahren.

Um solche Unzukömmlichkeiten zu vermeiden, ist es besser, die Gemeinschaftsfeiern nach *der Form B* mit kleinen Gruppen oder mit vielen Beichtvätern zu veranstalten. In jedem Fall glauben wir, daß es von Vorteil ist, eine gemeinsame Buße aufzuerlegen und daß alle Priester gemeinsam die Absolution erteilen, wenn die Beichten beendet sind. Vorderhand muß man sich an die Normen des Rituale halten, das die Einzelabsolution vorschreibt.

Außer in kleinen Gruppen ist diese Art der Feier noch in kleineren Ordensgemeinschaften gut anzuwenden, wo man sich die notwendige Zeit für die Feier nimmt und die Beichten in Ruhe halten kann, auch wenn nur ein Priester da ist. Aber meinem Urteil nach ist diese Form nur ein Weg, ein Anfang für die folgende Form.

Form C: Versöhnung vieler Pönitenten mit allgemeinem Bekenntnis und Generalabsolution

Diese Form wurde offiziell vom neuen Rituale als neue sakramentale Variante für das Bußsakrament eingeführt. Sie ist so gültig, so legitim und so wirksam wie jede der beiden anderen, obwohl sie leider von der geltenden Gesetzgebung auf die Ausnahmefälle und außerordentliche Situation beschränkt worden ist.

Diese Form C wurde als die normale, gewöhnliche Feier einmal in der Woche oder im Monat in vielen Kirchen, vor allem in Holland und Belgien in den Sechzigerjahren, besonders nach dem Konzil, durchgeführt, da die Herausgabe des neuen Rituale, in dem sie regulär vorgesehen war, sich verzögerte. Das unerwartete Eingreifen der Glaubenskongregation, während die Sache in Händen des Rates für die Liturgiereform lag, hat viele Hoffnungen zerstört. In den berühmten „Normae pastorales" von 1972, kurz bevor der „Ordo Paenitentiae" herauskam, wurden die Generalabsolutionen, die man als Mißbrauch und Frucht „gewisser irriger Theorien über das Bußsakrament" ansah, gestoppt und stark begrenzt (AAS 64, 1972, 510).

Die Zulassung dieser Gemeinschaftsfeier mit allgemeinem Bekenntnis und Generalabsolution stellt einen großen Schritt vorwärts im Vergleich zum alten Bußritus dar, aber einen großen Rückschritt im Vergleich zu dem, was schon üblich war, und was die erste Kommission bezüglich des „Ordo paenitentiae" vorbereitet hatte.

Angesichts dieser Situation, in der wir praktisch leben, wollen wir zuerst darlegen, *worin diese Feier besteht und welche Bedingungen an ihre Anwendung geknüpft sind.* Dann scheint es uns notwendig, ein Wort über die Möglichkeit und Angebrachtheit einer Einführung dieser Form für den regulären Empfang des Bußsakraments zu sagen und ihre Vorteile und Gefahren aufzuzeigen.

1. Normen, die heute für diese Feier der Form C gelten

a) Vorerst ist zu sagen, daß diese Form der Feier in der Kirche keine Neuheit darstellt. Mit größeren zeitbedingten Abänderungen wurde sie in der alten Kirche Jahrhunderte hindurch geübt.

b) Das neue Bußritual läßt diese *Form C* nach den Normen der Glaubenskongregation von 1972 nur für außerordentliche Fälle und bei dringender Notwendigkeit zu (vgl. Rit. Nr. 31—35, *Normae pastorales,* AAS 64 [1972] 510—514). Das schränkt ihre Durchführung praktisch sehr ein, aber niemand möge denken, daß er bei Teilnahme an dieser Feier weniger Vergebung bekommt und nur halb versöhnt wird. Sie hat volle Gültigkeit, wie jede andere Form, das Sakrament zu empfangen.

c) Diese Normen, die für die heutigen Feiern gelten, gehen von einer dogmatischen Voraussetzung aus, die ich für falsch halte. Aber die folgenden Gesetze, wie das neue Kirchenrecht (K. 960—964), das Schreiben „Reconciliatio et Paenitentia" (Nr. 32—33) und andere Dokumente der Römischen Kurie oder der Bischofskonferenzen neigen eher dazu, den gewöhnlichen Gebrauch der Form C einzuschränken, weit davon entfernt, die Zügel ein wenig zu lockern und eine häufigere Anwendung zu fördern. Dasselbe gilt für die Richtlinien der Spanischen Bischofskonferenz vom November 1988, die von Rom und in den *Richtlinien für die Pastoral* über das Bußsakrament im April 1989 approbiert wurden.[1] Alle Belehrungen zielen darauf ab, bestimmte Mißbräuche zu meiden und einer gewissen Freizügigkeit zuvorzukommen, die manchmal aus pastoralen Gründen oder als echter Mißbrauch auftaucht.

---

[1] Siehe Offizielles Bulletin der Spanischen Bischofskonferenz Nr. 22, 15. April 1989, S. 59—60 Dejaos reconciliar (Laßt euch versöhnen). Unterweisung für die Pastoral über das Sakrament der Buße. Madrid, 1989.

d) Man hat übermäßige Angst, daß viele ganz auf die Privatbeichte verzichten und sich auf Bußfeiern mit Generalabsolution beschränken, wenn diese *Form C* sich durchsetzt. Davon sprechen wir noch später.

e) Im allgemeinen kann man den schmerzlichen Eindruck, den die Lektüre dieser Normen *(Normen für die Pastoral,* Kirchengesetzbuch, Normen der Spanischen Bischofskonferenz) hervorruft, nicht verhehlen: es ist die Rede von den Bedingungen, die eingehalten werden müssen, um die Generalabsolution zu bekommen, anstatt daß man vom würdigen Empfang des Sakraments der Versöhnung spricht. Das Wichtigste, das Theologische, die Pastoral werden zweitrangig, und der Eindruck entsteht, daß es das Wichtigste ist, zu bestimmen, ob es erlaubt ist oder nicht, die Generalabsolution unter dieser oder jener Bedingung zu erhalten, und ob die gegebenen Normen eingehalten werden. Das ist traurig.

f) Die gültigen Normen, die die Feier mit allgemeinem Sündenbekenntnis und Generalabsolution regeln, sind in demselben Rituale (Nr. 31—33), im Kirchengesetzbuch (K. 960—964) und in jedem Handbuch über die Buße enthalten.[2] Dennoch wollen wir das Wesentliche in Erinnerung bringen:

A) Allgemeine Prinzipien

Die Generalabsolution ohne vorhergehende Privatbeichte darf nur in Fällen dringender Notwendigkeit erteilt werden. Diese hält man für gegeben:

1) Wenn nicht genug Beichtväter vorhanden sind, um die Beichte jedes einzelnen zur rechten Zeit zu hören, wenn die Gläubigen aus diesem Grund auf lange Zeit ohne eigene

---

2 Vgl. D. Fernández: El sacramento de la reconciliación (Das Sakrament der Versöhnung), Valencia 1977, S. 294—296; D. Borobio; Reconciliación penitencial, Bilbao 1988, S. 203—205.

Schuld die Gnade des Bußsakraments und der Hl. Kommunion entbehren müssen.

2) Das kann in Missionsgebieten der Fall sein, aber auch anderswo durch den großen Zustrom an Gläubigen.

3) Doch die Menge der Gläubigen ist kein ausreichender Grund, wenn es genug Beichtväter gibt. Diese Fälle großen Zustroms an Gläubigen sind vorhersehbar, und man muß rechtzeitig eine genügende Anzahl Priester kommen lassen, damit es nicht notwendig ist, die Generalabsolution zu geben.

4) Die Bischöfe müssen, nachdem sie einen Meinungsaustausch mit anderen Mitgliedern der Bischofskonferenz gehalten haben, beurteilen und bestimmen, ob in ihrem Heimatland die notwendigen Bedingungen für eine Generalabsolution gegeben sind, und in welchen Fällen.

B) Von seiten der Gläubigen.

Damit sie auf diese Weise die Generalabsolution bekommen können, ist folgendes notwendig:

a) Daß sie die entsprechende Bereitschaft haben, das heißt, daß sie ihre Sünden bereuen, daß sie den Vorsatz zur Besserung haben, daß sie bereit sind, entstandenes Ärgernis und Schaden wieder gutzumachen etc. Diese Voraussetzungen sind selbstverständlich und werden für jede Privatbeichte oder Gemeinschaftsfeier gefordert.

b) Daß sie bereit sind, zur gegebenen Zeit einzeln die noch nicht bekannten schweren Sünden zu beichten.

c) Diese Privatbeichte muß abgelegt werden, bevor man wieder eine Generalabsolution bekommt, außer es gibt einen gerechten Grund, der das verhindert. Kanon 963 schreibt vor, daß man wenigstens ein Mal im Jahr beichten soll, wie es das allgemeine Kirchengebot vorsieht. Aber dieser Kanon fügt hinzu, daß man *so bald wie möglich,* wenn man Gelegenheit dazu hat, zur Beichte gehen soll. Wir brauchen nicht zu wiederholen, daß diese Bestimmung uns nicht vernünftig erscheint.

C) Normen für die Priester.

Bei den Priestern besteht man darauf, daß sie entweder nach der Predigt oder innerhalb derselben die Gläubigen darauf aufmerksam machen, daß sie entsprechend vorbereitet sein müssen, um die Generalabsolution zu bekommen, das heißt ihre Sünden bereuen und den Vorsatz zur Besserung und zur Wiedergutmachung entstandener Schäden oder Ärgernisse haben müssen, die sie verursacht haben könnten.

2. Daß jene, die schwere Sünden haben, verpflichtet sind, sie später zur gegebenen Zeit zu beichten.

3. Daß eine Buße auferlegt wird, die alle erfüllen müssen, der die Gläubigen noch eine andere hinzufügen können, wenn sie wollen (Rit. Nr. 54 a)

4. Schließlich wird der Priester (der Diakon oder ein anderer Amtsträger) die Gläubigen auffordern, zum Zeichen, daß sie die Absolution empfangen wollen, niederzuknien, den Kopf zu senken, zum Altar vorzukommen oder ein anderes sichtbares Zeichen zu geben, das ihren Willen und ihre Bereitschaft zum Empfang der Absolution anzeigt. Dann sprechen alle gemeinsam das allgemeine Sündenbekenntnis („Ich bekenne Gott . . . "), man kann andere Gebete anfügen und mit dem Vaterunser schließen. Es folgt die Absolution nach der großen Formel des Rituale Nr. 151.

Selbstverständlich können wir hier nicht alle und jede dieser Normen kommentieren, von denen uns einige nicht gerade glücklich erscheinen, während andere für einen würdigen Sakramentenempfang selbstverständlich erscheinen müssen.

2. Nachteile für die heutige Praxis

Diese *Formel C* könnte für die christliche Gemeinde die beste Art sein, das Sakrament der Buße zu feiern, wenn sie zur gängigen Form der Buße werden könnte. De facto ist sie es nicht:

a) Weil sie mehr als Ausnahme denn als allgemein gültig approbiert worden ist.

b) Weil der Feier viele Beschränkungen und Schwierigkeiten entgegengestellt worden sind.

c) Die jetzigen Bestimmungen und Ermahnungen sprechen weniger vom Sakrament der Buße als von den Fällen, wo es erlaubt ist, die Generalabsolution zu erteilen und von den Bedingungen, die zu ihrem Empfang gegeben sein müssen.

d) Den Gläubigen wird die Verpflichtung auferlegt, privat die schweren Sünden zu beichten, die unter diesen Umständen nicht gebeichtet werden konnten.

e) Das schafft unnötige Probleme. Nehmen wir zum Beispiel den Fall, daß ein Gläubiger, nachdem er die Generalabsolution empfangen hat, die Bedingung, nachher vor dem Priester eine Privatbeichte abzulegen, nicht erfüllt. Begeht er eine neuerliche Sünde? Was soll man über die Sünden sagen, die vergeben worden sind und von denen er losgesprochen wurde, wenn er dann die Bedingung der Privatbeichte nicht erfüllt? Werden diese Sünden wieder zu solchen?

Das sind Scheinprobleme, die von falschen Voraussetzungen kommen. Es ist sehr leicht zu sagen, daß ein Gläubiger nicht richtig vorbereitet war, weil ihm der Wille, nachher zu beichten, fehlte, und daß ihm deshalb die Sünden nicht vergeben worden sind. Aber es könnte auch sein, daß er tatsächlich den Willen dazu hatte und erst später gefehlt hat.

Und man kann sich auch unschwer vorstellen, daß manche denken, daß sie schon mit Gott und der Kirche versöhnt sind und keine Bedingungen mehr erfüllen brauchen, nachdem sie an einer Gemeinschaftsfeier mit Generalabsolution teilgenommen haben. Mir scheint, daß alle diese Probleme vor dem Angesicht Gottes nicht echt sind. Das Gebot, nachher vor dem Priester eine Privatbeichte abzulegen, ist ein kirchliches und kein göttliches Gebot. Und das beste wäre es, keine Probleme und keine Schuldkomplexe zu erzeugen.

f) Nachdem die Entwicklung der Formen der Buße nicht abgeschlossen ist, scheint es mir vorteilhafter, Fehler und Schwierigkeiten in der heutigen Praxis zu vermeiden, dafür aber die Werte und Vorteile dieser Form hervorzuheben, in der Hoffnung, daß sie eines Tages ein Mittel zur Reinigung und Heilung für viele Christen wird.

3. Werte und Vorteile der Versöhnung mehrerer Pönitenten mit allgemeinem Bekenntnis und Generalabsolution

Außer denen, die im neuen Ritenbuch über die Buße (Nr. 22 und 77) angeführt werden und denen, die wir schon in einem anderen Buch[3] angegeben haben, möchten wir noch einige herausstreichen:

a) Wir haben schon bemerkt, daß sie uns liturgisch die geschlossenste, zusammenhängendste und ausgereifteste Art, in der christlichen Gemeinde Bekehrung und Versöhnung zu feiern, scheint. Hier ist die Empfehlung des II. Vatikanischen Konzils erfüllt: „Wenn Riten gemäß ihrer Eigenart auf gemeinschaftliche Feier mit Beteiligung und tätiger Teilnahme der Gläubigen angelegt sind, dann soll nachdrücklich betont werden, daß ihre Feier in Gemeinschaft

---

3 D. Fernández, a. a. O., S. 296—298.

— im Rahmen des Möglichen — der vom Einzelnen gleichsam privat vollzogenen vorzuziehen ist" (SC 27).

Bei dieser Form C, bei der die kirchliche Gemeinde direkter mit Gebeten, brüderlicher Ermahnung, gegenseitiger Versöhnung beteiligt ist, erfüllt man besser eines der vorrangigen Anliegen des Konzils: „Ritus und Formel des Bußsakraments sollen so revidiert werden, daß sie Natur und Wirkung des Sakraments deutlicher ausdrücken" (72).

b) Nr. 8 des Bußritus sagt, daß „auf verschiedene Weise die ganze Kirche als priesterliches Volk handelt, wenn sie den Auftrag der Versöhnung erfüllt, der ihr von Gott anvertraut worden ist". Diese Teilnahme der ganzen Gemeinde wird besser in den gemeinschaftlichen Bußfeiern in die Tat umgesetzt, bei denen alle das Wort Gottes hören, die Gläubigen füreinander bitten, sich vor der ganzen Gemeinde als Sünder bekennen, Gott und die Brüder um Verzeihung bitten und alle gemeinsam die Freude der Versöhnung mit Gott und der Kirche empfangen (vgl. Rit. Nr. 4).

c) Diese Form erlaubt es auch eher, den ganzen Bußvorgang zu erneuern, indem man ihn in verschiedene Phasen gliedert:

1) Eine Veranstaltung widmet man der Einstimmung, der Schriftlektüre, der Predigt und der Gewissenserforschung.

2) Eine andere der Vertiefung der Reue, der Prüfung des eigenen Lebens und der Auferlegung einiger Werke der Buße als Zeichen und Beweis echter Bekehrung.

3) Schließlich setzt man für einen anderen Tag den gemeinsamen Empfang der sakramentalen Versöhnung an und feiert mit Freude die Barmherzigkeit Gottes, sagt ihm Dank und preist seinen Namen.

Dieser Plan, der von vielen für manche Gelegenheiten vorgeschlagen und gewünscht worden ist, kann weder allgemein gültige Norm sein noch häufig ausgeführt werden. Aber er sollte auch nicht so utopisch und unmöglich erscheinen, daß man ihn nicht irgendwann mit engagierten christlichen Gruppen, bei Exerzitien, in Ordensgemeinschaften oder Basisgemeinden ausführen könnte.

d) Diese Art der Feier nach der *Form C* ist ideal für Ordensgemeinschaften, Exerzitiengruppen und andere ähnliche, sofern niemals die Gelegenheit und völlige Freiheit zur Privatbeichte fehlt.

In den Ordensgemeinschaften, um nur ein Beispiel zu nennen, kommen im allgemeinen keine schweren Sünden vor. Deshalb kann man die Feier mit Generalbeichte abhalten, weil es keine Verpflichtung zur Beichte der läßlichen Sünden gibt. Ich glaube, das kann man sogar im Rahmen der geltenden Normen machen, und mehr noch, wenn die Mitglieder sich spontan vor Gott und der Gemeinschaft ihrer Fehler anklagen. So wird vermieden, daß der Rhythmus der Gemeinschaftsfeier durch die Privatbeichten unterbrochen und alles besser und klarer wird.

e) Der praktische Vorteil dieser Form der Feier liegt darin, daß man sie mit einem einzigen Priester abhalten kann, obzwar die theologischen Vorteile immer die wichtigsten sind. Wenn es bei *Form B* viele Beichtende gibt, braucht man viele Priester, um die Wartezeit zwischen der Privatbeichte und der Danksagung und dem Schluß nicht zu sehr auszudehnen. Bei dieser *Form C* kann es mehrere Priester geben, wie mehrere die Messe konzelebrieren können, aber es genügt ein einziger, um die ganze Feier abzuhalten und durchzuführen.

4. Gefahren

Wir wollen nicht verhehlen, daß diese *Form C*, wenn sie sich durchsetzt, trotz der vielen Vorteile, die sie bietet, auch ihre Gefahren in sich birgt.

Die Gefahr, auf die man am häufigsten aufmerksam macht, ist folgende: Wenn diese Bußfeiern ohne Privatbeichte zur regulären Form werden, würden sich viele darauf beschränken und ganz auf die Privatbeichte verzichten. Für viele würden diese Gemeinschaftsfeiern zur einzigen Form, das Sakrament der Buße zu empfangen.

Wir leugnen eine solche Gefahr nicht, aber man sollte nicht übertreiben. Wir könnten auch mit Schmerz feststellen, daß viele Jahrhunderte lang die Privatbeichte und -absolution die einzige Art der sakramentalen Versöhnung war. Man ging während der Messe beichten — und tut es leider immer noch — so daß das Sakrament der Buße auf den minimalen Ausdruck beschränkt war. Und das jahrhundertelang, und die Kirche ist nicht sehr entschlossen eingeschritten, um diesen Stand der Dinge zu verbessern. Aber gehen wir der Reihe nach vor:

a) Tatsächlich ist es so, daß viele Christen nicht mehr beichten, so daß das gefürchtete Übel schon da ist, schlimmer sogar als das gefürchtete oder vermutete. Nach meiner Meinung gingen mehr zur allgemeinen Bußfeier als die Privatbeichte aufgeben würden.

b) Die meisten, die hin und wieder in ihrem Leben oder höchstens ein Mal im Jahr beichten, um ein Gebot zu erfüllen, und nicht aus dem Bedürfnis und der persönlichen Überzeugung, daß sie sich versöhnen, legen für gewöhnlich so oberflächliche und wenig persönliche Beichten ab, daß in Wahrheit für das christliche Leben nichts verloren ist, wenn sie das Beichten lassen. Jahrhundertelang gab es keine sakramentale Privatbeichte und kein Gebot, einmal im Jahr zu beichten, und es gab eifrige Christen, Heilige, Märtyrer und viele Mönche. Diese Christen, die selten beichten und es sehr unvollkommen tun, können viel gewinnen und nichts verlieren, wenn sie an einer gut vorbereiteten Gemeinschaftsfeier teilnehmen: Bibellesungen, Ermahnungen, Gewissenserforschung, gemeinsame Gebete, sich vor allen Anwesenden als Sünder bekennen, allgemeines Bekenntnis. Ich glaube, das alles ist wichtiger und besser für die Bekehrung und Sündenvergebung als die Privatbeichten, nur weil man sie als Muß empfindet: Weil man einer Bruderschaft angehört, weil ein Kind heiratet (und man zehn oder fünfzehn Jahre nicht beichten war), weil die Tochter zur Ersten Kommunion geht usw.

Seien wir realistisch und ehrlich: wer an einer guten Gemeinschaftsfeier mit allgemeinem Bekenntnis teilnimmt, ist besser bereit zur sakramentalen Versöhnung als wer zu einer Privatbeichte unter den angegebenen Umständen in den Beichtstuhl kommt. Ich denke, man hilft dem Gläubigen mit diesen Feiern besser zu ihrem Seelenheil und christlichen Leben als mit der Verpflichtung zur Privatbeichte, die sie in Wahrheit nicht erfüllen oder schlecht erfüllen. Eine Praxis der „gemeinschaftlichen Bußfeier mit vielen Beichtenden, mit allgemeinem Bekenntnis und Generalabsolution" ist immer noch besser als gar nichts, das heißt besser, als es verschwindet in der Praxis jede Art von Bußfeier.[4]

c) Die persönliche Privatbeichte ist eine Notwendigkeit des Herzens, eine große Hilfe und ein Trost für viele Menschen, sie ist ein Zeugnis und Zeichen echter Bekehrung. Oft ist sie notwendig, um sich in schwierigen Lebensumständen zu orientieren. Wenn diese persönliche Versöhnung bei Gelegenheit so notwendig und von den Gläubigen so gewünscht ist, wie man uns in vielen jüngsten Dokumenten sagt, verstehe ich nicht, warum man so viel Angst hat, daß diese Praxis verschwindet. Wenn sie jene aufgeben, die sie schlecht ausüben und für die sie nur eine Qual ist, ist nichts verloren. Und jene, die auf der Suche nach Hilfe im geistlichen Leben, nach Gnade und Vergebung zum Priester kommen, werden nicht darauf verzichten. Jede Form der Feier hat ihre Daseinsberechtigung und keine soll die anderen verdrängen. Wie schon das Schreiben „Reconciliatio et Paenitentia" — angesichts der geltenden Regelung,

---

4 D. Borobio: Reconciliación penitencial, Bilbao 1988, S. 206.

die die *Form C* als Ausnahme betrachtet — betont, „soll weder der Gebrauch der dritten Form jemals dazu führen, daß die gebräuchlichen Formen weniger geschätzt werden, geschweige denn, daß man sie aufgibt, noch soll diese Variante als Alternative zu den anderen betrachtet werden" (Nr. 32, S 114). Sollte einmal diese Form C gebräuchlich werden, wäre Aufgabe der Hirten und der Gläubigen, jene Form der Bußfeier zu wählen, die ihrem Bedürfnis und ihrer gegebenen Situation am meisten entspricht. Auch hier gilt es: lex suprema salus animarum ... letztentscheidend ist das Heil der Menschen.

Epilog

In diesem Büchlein habe ich mir ein sehr einfaches Ziel gesetzt: die Möglichkeit einer Form der Bußfeier aufzuzeigen, die heute nicht als reguläre Art des Sakramentenempfangs anerkannt ist und den Irrtum auszuräumen, der die offizielle Anerkennung dieser Form verhindert hat.

Was ich hier behaupte und vertrete, haben viele andere Theologen und Wissenschaftler vor mir gesagt und geschrieben. Ich erfinde und sage nichts Neues. Ich erhoffe nur die offizielle Anerkennung dessen, was mir historisch und theologisch auf der Hand zu liegen scheint. Der Autor dieser Zeilen weiß sehr wohl, daß die Probleme rund um das Sakrament der Buße nicht damit gelöst sind, daß man die Generalabsolution ohne vorausgehende Privatbeichte einführt und verbreitet. Es ist ein Problem des Glaubens, der echten Bekehrung, der Gewissensbildung, der richtigen Vorbereitung. Es ist eine Frage des Gefühls und Erlebens der kirchlichen Gemeinschaft — der ganzen Gemeinschaft — als Mittlerin der Versöhnung und Vergebung. Das soll das Ziel der Katechese und der Praxis sein. Aber gerade weil viele — die, die es am meisten brauchen — nicht zum Sakrament der Buße, wie es heute aufgebaut ist, kommen, denke ich, daß eine gute gemeinschaftliche Bußfeier ein sehr gutes Mittel sein kann, um mit der Gnade Gottes zu einer aufrichtigen Bekehrung und Vertiefung des eigenen Glaubens zu kommen und die Freude der Versöhnung mit den anderen zu teilen. Die Leute wünschen und kommen zu diesen Feiern, die ihnen Frieden, Freude und den ehrlichen Wunsch nach einem christlichen Leben bringen. Gerade heuer im Sommer 1989 hat man mir von zwei Pfarren erzählt, wo diese Form der Feier mit großem Nutzen angewendet wurde, aber wahrscheinlich wegen der Beschwerden anderer Pfarrer und des zuständigen Ordinariats aufgegeben werden müssen. Sie könnte eine übliche Art, das Sakrament zu feiern sein, aber die heutigen Normen betrachten sie als Ausnahme, und man muß sie respektieren. Aber die lange Geschichte des Sakraments der Buße und seine unzähligen Varianten erlauben die Hoffnung, daß eines Tages die geistlichen Wünsche und Bedürfnisse der Gläubigen berücksichtigt werden. Sollte jemand der Meinung sein, daß das alles nicht wichtig ist oder gar, daß es nur darum geht, das Unangenehme der Privatbeichte zu umgehen, dann würden wir ihn bitten, seine Haltung ernstlich zu prüfen. Eine solche Haltung trägt dazu bei, wie die geltenden Normen ein Hindernis zu werden, daß viele Menschen überhaupt kein Sakrament der Versöhnung empfangen. Somit können sich viele von der Kirche entfernen, weil man ihnen Lasten auflegen will, die Christus nicht verlangt.

Vor wenigen Tagen — am 20. August — hat der Papst vor 500.000 auf dem Berg der Freude von Santiago de Compostela versammelten Jugendlichen gesagt: „Die Wahrheit ist das tiefste Bedürfnis des menschlichen Geistes. Vor allem soll euch dürsten nach der Wahrheit über Gott, über den Menschen, über das Leben und die Welt". Aber wo ist die Wahrheit? Wer ist die Wahrheit? Jesus Christus ist der Weg, die Wahrheit und das Leben. Wir müssen umkehren zu Christus, um den richtigen Weg, der zur Wahrheit führt, zu finden, wir müssen den Geist Christi haben, der uns zur vollen Wahrheit führen wird. Läsen wir mehr das Evangelium, ließen wir uns mehr druchdringen von seinen Worten und betrachteten wir über sie in unserem Herzen wie die Jungfrau, die Mutter Jesu (vgl. Lk 2, 19. 51), würden viele Schwierigkeiten verschwinden, die wir Menschen so oft erfinden.

Es sei mir erlaubt, mit der sehr lehrreichen Legende zu schließen, die ich so oft auf die Religion Buddhas, auf die der Rabbiner und selbst auf die christliche Religion angewandt gehört habe. Einmal diskutierten weise Männer über die Lehre Buddhas. Nach vielen Tagen des Gesprächs, als sie sich nicht einig wurden, beschloß schließlich Buddha, zu ihnen zu kommen und ihnen den wahren Sinn seiner Worte zu erklären. Aber nachdem sie ihm ehrerbietig zugehört hatten, antworteten ihm die Gelehrten: das wirklich Wichtige ist nicht, was du gelehrt hast, sondern die Auslegungen, die die Weisen deinen Worten gegeben haben. „Wenn Buddha stirbt, entstehen die Schulen".[1] Wenn es sich auch um eine Legende handelt, besteht kein Zweifel, daß sie eine tiefe Wahrheit enthält und einer geschichtlichen Tatsache entspricht. Wie oft verweist man uns auf die Interpretationen von Theologen, der Kirche, des Lehramtes, anstatt direkt die Quellen zu studieren! Das Evangelium von Jesus ist einfacher und menschlicher als die Deutungen der Menschen. Diese Überzeugung ist es, die ich in diesem Buch über ein konkretes Thema der christlichen Praxis dargelegt haben wollte.

Madrid, 30. August 1989

---

[1] Siehe Anthony de Mello: La oración de la rana, Sal Terrae, Santander 1988, S. 94.

Inhaltsverzeichnis

Vorwort 5
I. Die Generalabsolution 11
   1. Motivation 11
   2. Eine Erfahrungstatsache 16
   3. Die Lehre des Konzils von Trient 17
   4. Die Normen für die Pastoral
      und ihr Widerhall 31
   5. Wie kann man diese Schwierigkeiten
      überwinden? 33
   6. Ursprünge des detaillierten
      Bekenntnisses aller Sünden 41
   7. Nutzen für die Pastoral 44
II. Die Einzelbeichte 47
III. Buße und Eucharistie 55
   1. Heilige Schrift 57
   2. Die alte Kirche 58
   3. Das Konzil von Trient 64
   4. Wie kann man heute „die Buße" feiern? 66
IV. Versöhnung 77
Form A: Versöhnung eines einzelnen Pönitenten . 77
Form B: Versöhnung mehrerer Pönitenten mit
             Einzelbeichte und Einzelabsolution 84
Form C: Versöhnung vieler Pönitenten mit
             allgemeinem Bekenntnis
             und Generalabsolution 87
Epilog 99

$50,-
I D_2